# Poupée Cerise

## & ses 12 panoplies

AU TRICOT

Nathalie Perdoncin

*les éditions de saxe*

# Sommaire

# Mot de l'auteure

Parce que j'avais envie de créer… une poupée…, craquante,
à mettre entre toutes les mains ! Cerise est née de cette envie :
rapide à exécuter, facile à réaliser, avec un seul point
de crochet : la maille serrée. De grands yeux, une bouche
toute rouge, à croquer… comme une cerise ! 😊
Et puis, pour varier les plaisirs et pour changer,
j'ai conçu sa première garde-robe au tricot.
La gamme de couleurs des laines de Bergère de France se
prêtait à merveille à la concrétisation de toutes mes idées :
des pulls, des robes, des bloomers, des jupes, des botillons,
des chaussures, des besaces, des sacs… et tutti quanti !
Avec ce nouvel ouvrage, Cerise est habillée de pied en cap,
prête à affronter toutes les saisons…
À vous de jouer, crocheter, tricoter !
Cerise ne demande qu'à voir le jour…

Nathalie Perdoncin

Retrouvez-moi sur Facebook,
Etsy.com et sur Instagram : @npcrochet

# Généralités

- Selon sa manière de travailler, il faudra utiliser des aiguilles à tricoter plus ou moins grosses.
- Dans ces pages, les diagrammes au tricot sont à lire de droite à gauche pour les rangs impairs (= à l'endroit du travail) et de gauche à droite pour les rangs pairs (= à l'envers du travail). Le diagramme doit être compris comme une photographie du motif (ou point), ce qui signifie que pour tous les rangs à l'envers du travail (soit tous les rangs pairs), une maille endroit sur le diagramme doit être tricotée à l'envers (pour bien apparaître à l'endroit sur l'endroit du travail) et vice-versa.
- Pour la dénomination des demi-dos, demi-devants ou demi-capuches, il faut comprendre que le terme « gauche » ou « droit(e) » correspond à la position de la pièce quand le vêtement est porté. Il ne faut pas le confondre avec le bord (ou côté) droit ou gauche lors de la réalisation d'un élément. En effet, lors du tricotage, sur l'endroit du travail, le bord droit correspond au début du rang et le bord gauche à la fin du rang (ou au début du rang sur l'envers du travail).
- Pour des vêtements aussi petits, il est difficile d'être très précis, aussi les dimensions indiquées sur les dessins ne sont là que pour donner un ordre de grandeur du résultat escompté.

## Abréviations

| | |
|---|---|
| *aig.* | aiguille(s) |
| *aug.* | augmentation(s) |
| *aux.* | auxiliaire |
| *br.* | bride(s) |
| *col.* | coloris |
| *demi-br.* | demi-bride(s) |
| *dim.* | diminution(s) |
| *dim.T* | diminution(s) torse(s) |
| *diag.* | diagramme(s) |
| *end.* | endroit |
| *ens.* | ensemble |
| *env.* | envers |
| *fs* | fois |
| *HT* | hauteur totale |
| *lis.* | lisière |
| *m.* | maille(s) |
| *ma.* | maille(s) air |
| *mc.* | maille(s) coulée(s) |
| *ms.* | maille(s) serrée(s) |
| *pt(s)* | point(s) |
| *R ou rg(s)* | rang(s) |
| *SS* | surjet simple |
| *suiv.* | suivant(es) |
| *T* | tour(s) |
| *trav.* | travail |
| *ts* | tous |
| *tt(es)* | tout(es) |

## Fils utilisés

Tous les fils utilisés proviennent de Bergère de France.
Voici leurs caractéristiques :

**Angel 50**
composition : 44 % polyamide, 32 % acrylique, 24 % mohair ;
pelote : 550 m/50 g ;
échantillon : 26 m. x 34 rgs en jersey endroit & aiguilles n°4 = 10 x 10 cm

**Barisienne**
composition : 100 % acrylique ;
pelote : 140 m/50 g ;
échantillon : 19 m. x 28 rgs en jersey endroit & aiguilles n°4 = 10 x 10 cm

**Calinou**
composition : 75 % acrylique, 25 % laine peignée ;
pelote : 185 m/50 g ;
échantillon : 27 m. x 30 rgs en jersey endroit & aiguilles n°3 = 10 x 10 cm

**Cirrus**
composition : 46 % baby alpaga, 30 % coton, 8 % laine, 8 % polyamide, 8 % polyester ;
pelote : 145 m/50 g ;
échantillon : 15 m. x 20 rgs en jersey endroit & aiguilles n°6,5 = 10 x 10 cm

**100 % Coton Bio**
composition : 100 % coton biologique ;
pelote : 145 m/50 g ;
échantillon : 26 m. x 32 rgs en jersey endroit & aiguilles n°3 = 10 x 10 cm

**Coton à Tricoter**
composition : 100 % coton mercerisé ;
pelote : 200 m/50 g ;
échantillon : 26 m. x 37 rgs en jersey endroit & aiguilles n°3 = 10 x 10 cm

**Coton Fifty**
composition : 50 % coton, 50 % acrylique ;
pelote : 140 m/50 g ;
échantillon : 31 m. x 41 rgs en jersey endroit & aiguilles n°2,5 = 10 x 10 cm

**Coton Mercerisé**
composition : 100 % coton d'Égypte mercerisé ;
pelote : 565 m/100 g ;
échantillon : 38 m. x 50 rgs en jersey endroit & aiguilles n°2 = 10 x 10 cm

**Festive**
composition : 56 % coton, 22 % acrylique, 1 % viscose, 7 % polyamide, 4 % autres fibres ;
pelote : 125 m/50 g ;
échantillon : 25 m. x 34 rgs en jersey endroit & aiguilles n°3 = 10 x 10 cm

**Filomèche**
composition : 44 % laine, 34 % acrylique, 22 % polyamide ;
pelote : 60 m/50 g ;
échantillon : 14 m. x 18 rgs en jersey endroit & aiguilles n°6,5 = 10 x 10 cm

**Idéal**
composition : 40 % laine peignée, 34 % acrylique, 30 % polyamide ;
pelote : 125 m/50 g ;
échantillon : 21 m. x 26 rgs en jersey endroit & aiguilles n°4 = 10 x 10 cm

**Metalika**
composition : 62 % polyester métallisé, 38 % polyamide ;
pelote : 650 m/25 g ; pas d'échantillon

## Matériel de base

En dehors du fil et du crochet et/ou des aiguilles à tricoter, il est utile de se munir du matériel suivant :

- paire de ciseaux
- aiguille à laine (pour l'assemblage)
- arrête-mailles (pour mettre des mailles en attente)
- anneaux marqueurs (facultatifs)
- aiguille et fil à coudre assorti (pour coudre des boutons par exemple)

# Glossaire

## Au crochet

### Nœud de base (nœud initial ou boucle de base)

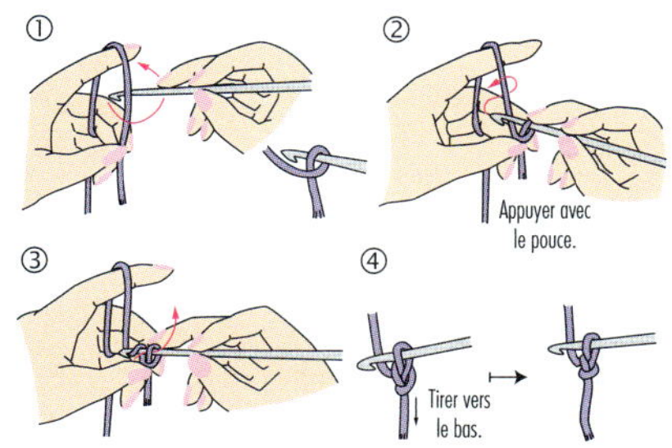


**Étape 1 :** mettre le crochet derrière le fil et tourner le crochet en suivant la flèche.
**Étape 2 :** maintenir la boucle obtenue à l'aide du pouce. Puis, entourer le fil autour du crochet (= 1 jeté) comme le montre le schéma.
**Étape 3 :** écouler le jeté à travers la boucle.
**Étape 4 :** tirer l'extrémité du fil vers le bas afin de resserrer la boucle qui vient d'être formée.

### Maille air

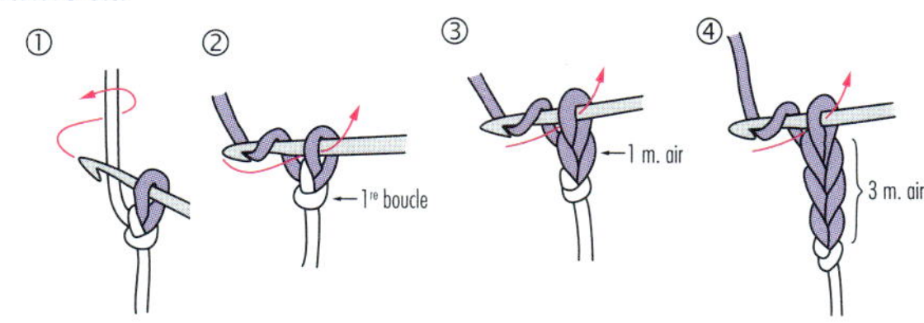


**Étape 1 :** faire un jeté sur le crochet en prenant le fil en suivant la flèche.
**Étape 2 :** écouler la boucle à travers la boucle de base pour former la première maille air.
**Étape 3 :** écouler le jeté suivant pour former la seconde maille air.
**Étape 4 :** répéter cette même opération.

### Maille coulée

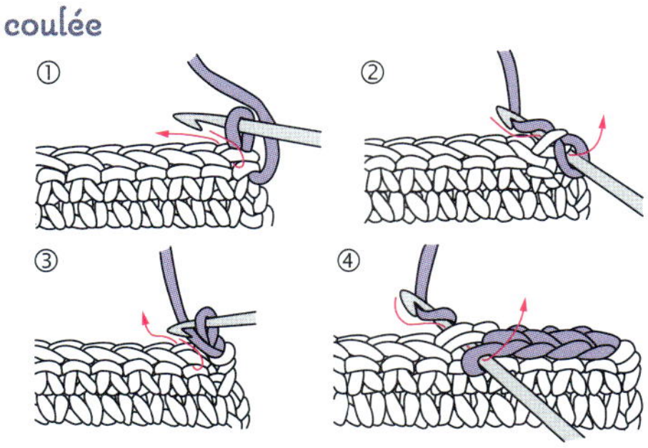


**Étape 1 :** au début du rang, piquer aussitôt le crochet dans la première maille précisée par la flèche.
**Étape 2 :** faire un jeté sur le crochet, le ramener à travers la maille en suivant la flèche.
**Étape 3 :** piquer le crochet dans la seconde maille indiquée par la flèche.
**Étape 4 :** cette maille ayant tendance à être crochetée assez serrée, il est donc conseillé de la crocheter souplement (= allonger légèrement la boucle).

# Glossaire

### Maille serrée

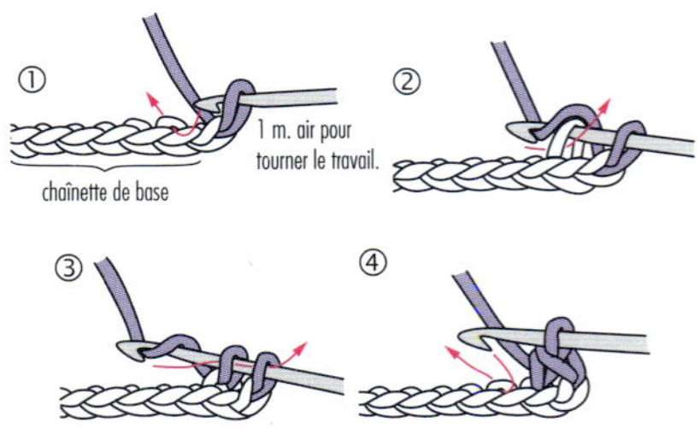


**Étape 1 :** une maille air pour tourner le travail, puis piquer le crochet comme le montre le schéma.
**Étape 2 :** un jeté et le ramener à travers la boucle en suivant la flèche.
**Étape 3 :** un jeté et écouler les boucles sur le crochet.
**Étape 4 :** une maille serrée est achevée.
Répéter les étapes 1 à 3.

### Augmentation

Crocheter 2 mailles serrées dans la même maille.

### Diminution (2 mailles serrées ensemble)

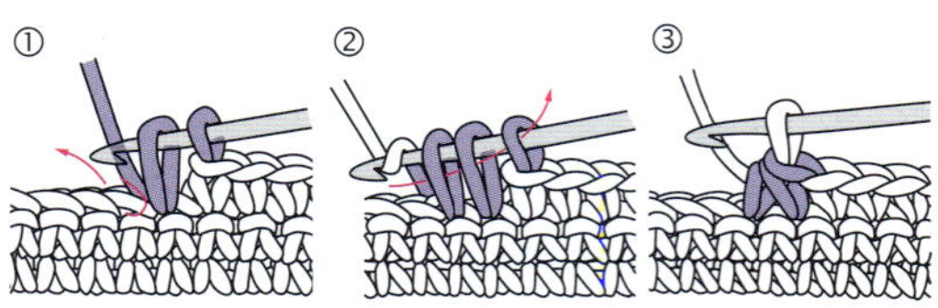


**Étape 1 :** piquer le crochet une maille, un jeté, le ramener à travers la maille, répéter l'opération sur la maille suivante (= deux mailles serrées incomplètes).
**Étape 2 :** un jeté et écouler toutes les boucles sur le crochet.
**Étape 3 :** une diminution simple est réalisée (il y a une maille serrée en moins).

### Demi-bride

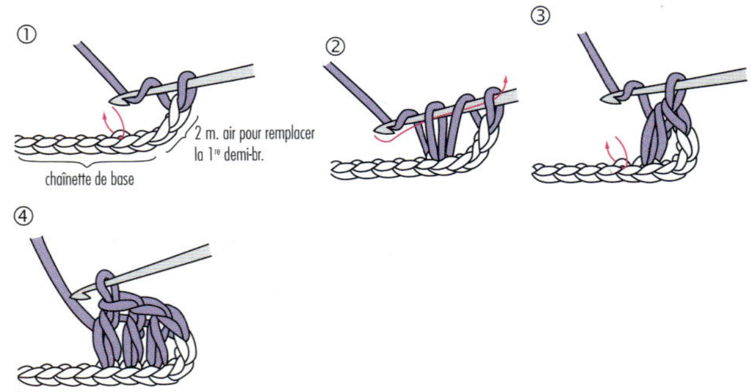


**Étape 1 :** commencer par deux mailles air qui remplacent la première demi-bride. Faire un jeté avant de piquer le crochet dans la quatrième maille air en partant du crochet.
**Étape 2 :** un jeté sur le crochet, le ramener à travers la boucle, faire un autre jeté sur le crochet et le ramener à travers toutes les boucles du crochet.
**Étape 3 :** une demi-bride est achevée. Répéter les étapes 1 et 2.
**Étape 4 :** quatre demi-brides sont terminées en comptant les deux mailles air de substitution qui remplacent la première demi-bride.

### Bride

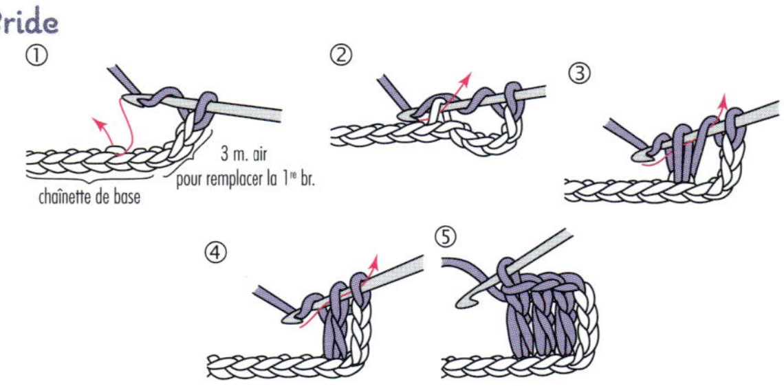


**Étape 1 :** commencer par trois mailles air pour remplacer la première bride. Faire un jeté sur le crochet et piquer le crochet à l'endroit précisé sur le schéma par la flèche.
**Étape 2 :** un jeté sur le crochet, le ramener à travers la boucle en suivant la flèche.
**Étape 3 :** un jeté sur le crochet, le ramener à travers deux boucles du crochet.
**Étape 4 :** un jeté sur le crochet et le ramener à travers deux boucles qui restent sur le crochet.
**Étape 5 :** répéter les étapes 1 à 4. Quatre brides sont terminées en comptant les trois mailles air de substitution qui remplacent la première bride.

### Point écrevisse

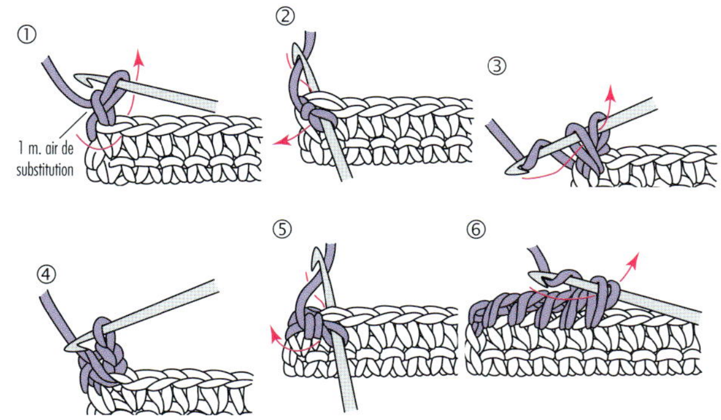


**Étape 1 :** il se fait de gauche à droite. Piquer le crochet dans la maille (voir flèche).

**Étape 2 :** mettre le crochet par-dessus le fil et le ramener à travers la maille.

**Étape 3 :** faire un jeté sur le crochet, le ramener à travers les deux boucles se trouvant sur le crochet.

**Étape 4 :** un point écrevisse est achevé.

**Étapes 5 & 6 :** piquer le crochet dans la maille suivante et répéter les étapes 1 à 3.

### Arrêter la maille

Couper environ 10 cm de fil et tirer le crochet jusqu'à ce que la boucle se défasse. Puis rentrer et dissimuler le fil avec une aiguille à laine.

### Franges

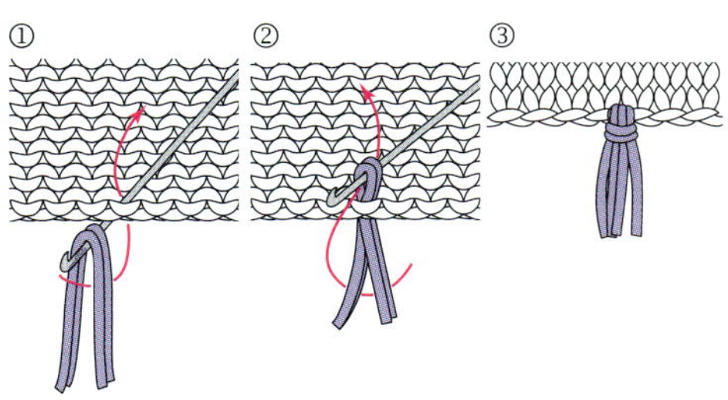


**Étape 1 :** préparer autant de brins que nécessaire pour la frange. Sur l'envers de l'ouvrage, piquer le crochet dans la maille souhaitée et ramener les brins à travers cette maille.

**Étape 2 :** avec le crochet passer tous les brins à travers la boucle (voir flèche).

**Étape 3 :** sur l'endroit de l'ouvrage, une frange est maintenant réalisée.

## Au tricot

### Montage

Il existe différentes manières de monter des mailles. en voici une parmi d'autres permettant d'obtenir un montage très souple.

**Étape 1 :** former une boucle et la passer sur deux aiguilles en parallèle.

**Étape 2 :** piquer les aiguilles en suivant les flèches pour ramener une boucle.

**Étape 3 :** lâcher le fil du pouce, tirer sur le fil pour serrer la maille.

**Étape 4 :** une maille est formée sur les aiguilles.

**Étape 5 :** le montage des mailles est terminé.

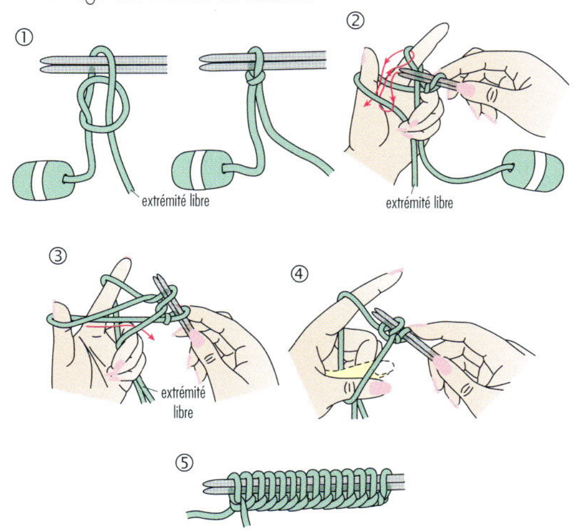


### Maille endroit

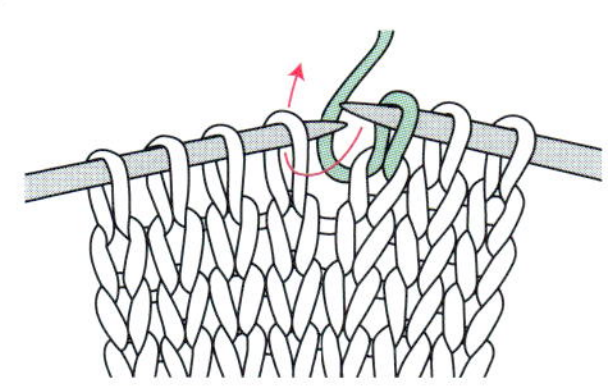

Le fil est à l'arrière de l'ouvrage.

Avec le fil à l'arrière du tricot, piquer l'aiguille droite dans la maille de l'aiguille gauche de l'avant vers l'arrière. Enrouler le fil autour de l'aiguille droite. Passer la pointe de l'aiguille droite dans la maille et la faire revenir au-dessus de l'aiguille gauche. Puis laisser tomber la maille de l'aiguille gauche.

# Glossaire

## Maille envers

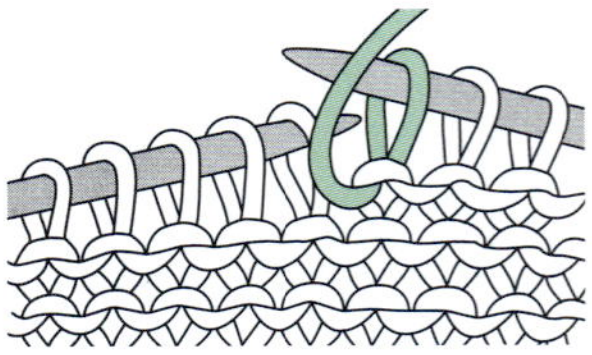

Le fil est devant l'ouvrage.

Avec le fil devant l'ouvrage, piquer l'aiguille droite dans la maille de l'aiguille gauche de l'arrière vers l'avant. Passer le fil sur l'aiguille droite, en partant de la droite, entre les deux aiguilles. Avec l'aiguille droite, retirer cette boucle vers l'arrière.

Tirer pour enlever le reste de cette nouvelle maille de l'aiguille gauche.

## Maille torse

Le principe est de tricoter le brin arrière de la maille concernée.

Voici l'exemple de la maille endroit torse.

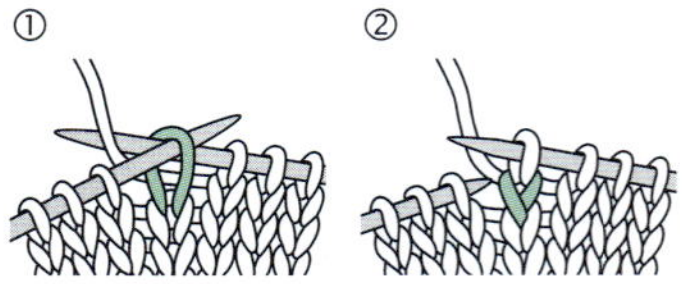


Piquer l'aiguille droite dans le brin arrière de la maille de l'aiguille gauche et tricoter une maille endroit. La maille tricotée est tordue.

## Jeté

Le jeté est une façon de passer le fil à tricoter sur ou autour de l'aiguille droite avant de tricoter une maille.

*Note :* Le jeté ajoute une maille sur le rang tricoté suivant.

Pour ne pas avoir d'augmentation, il faut compenser le jeté par une diminution dans le même rang.

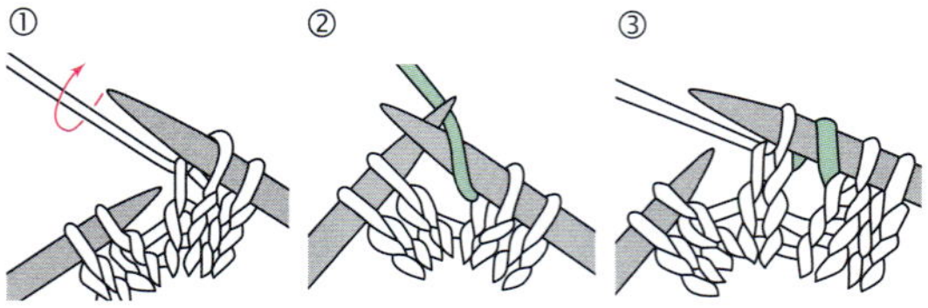


**Étape 1 :** passer le fil autour de l'aiguille droite selon la flèche.

**Étape 2 :** tricoter la maille suivante.

**Étape 3 :** le jeté est représenté en vert.

## Diminution (2 mailles ensemble endroit)

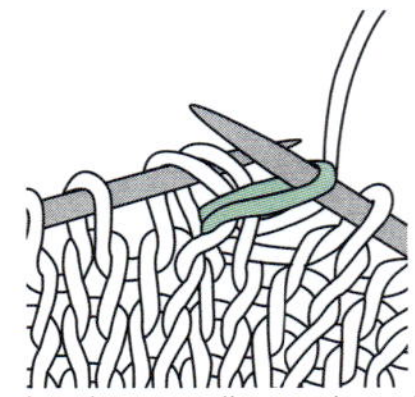

Avec l'aiguille droite, prendre deux mailles au lieu d'une et les tricoter ensemble à l'endroit.

*Note :* pour une diminution envers, le principe est identique MAIS avec deux mailles à l'envers.

## Surjet simple

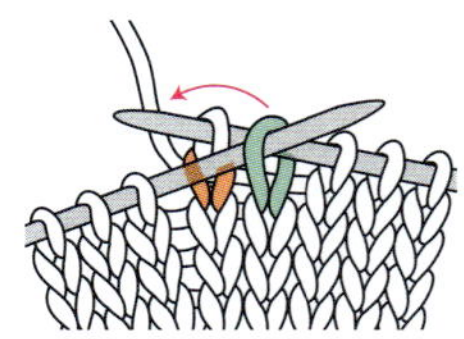

Glisser une maille sur l'aiguille droite sans la tricoter (en vert), puis tricoter une maille endroit (en orangé). Enfin, passer la maille non tricotée par-dessus la maille tricotée.

## Augmentation (deux mailles en une)

Tricoter la maille normalement, MAIS ne pas laisser tomber la maille de l'aiguille gauche, ET tricoter dans le brin arrière de cette même maille. Ensuite, laisser tomber la maille de l'aiguille gauche. Au final, il y a deux mailles au lieu d'une.

## Augmentation intercalaire

Piquer l'aiguille dans le brin horizontal entre deux mailles, le tordre et tricoter une maille dans ce brin.

## Diminutions simples à « N » mailles du bord

**À droite, en début de rang (sur l'endroit du travail) :**

tricoter les « N » premières mailles normalement, glisser une maille comme pour la tricoter à l'endroit sur l'aiguille droite, tricoter la maille suivante normalement, puis passer la maille glissée par-dessus la maille tricotée (= surjet simple) et continuer selon le point.

*Note :* l'inclinaison des m. se fait vers la droite.

**À gauche, à N + 2 mailles de la fin du rang (sur l'endroit du travail) :**

tricoter deux mailles ensemble à l'endroit par le brin arrière (= diminution torse), et tricoter les « N » dernières mailles normalement.

*Note :* l'inclinaison des m. se fait vers la gauche.

### Jersey endroit (en aller-retour)
Alterner un rang à l'endroit (= endroit du travail) et un rang à l'envers (= envers du travail).

### Jersey envers (en aller-retour)
Alterner un rang à l'envers (= endroit du travail) et un rang à l'endroit (= envers du travail).

### Point mousse endroit (en aller-retour)
Tricoter toujours tous les rangs à l'endroit.

### Point mousse envers (en aller-retour)
Tricoter toujours tous les rangs à l'envers.

### Côtes 1/1
**R1 :** alterner 1 maille à l'endroit et 1 maille à l'envers sur tout le rang.
**R2 & suivants :** comme les mailles se présentent.

### Côtes 2/2
**R1 :** *2 mailles à l'endroit, 2 mailles à l'envers ; répéter depuis* sur tout le rang.
**R2 & suivants :** comme les mailles se présentent.

### Mailles rabattues (à la française)

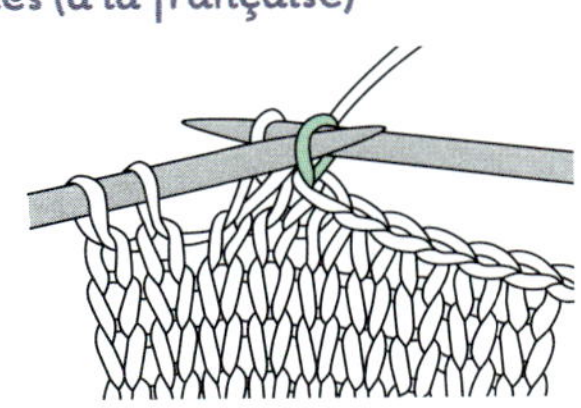

Pour rabattre une maille, piquer l'aiguille gauche dans l'avant-dernière maille de l'aiguille droite, pour la prendre et la faire passer par-dessus la dernière. Pour rabattre plusieurs mailles, répéter cette opération autant de fois que nécessaire.

## En broderie

### Passé plat

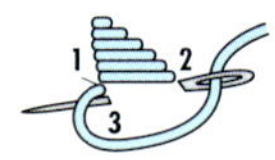


Il s'exécute de gauche à droite et de bas en haut.
Le fil sort en 1. Piquer l'aiguille en 2 et ressortir en 3.
Ce point permet de couvrir des surfaces et doit être réalisé de façon très régulière.

### Point avant
NOTE : ce point s'utilise également pour assembler les pièces.

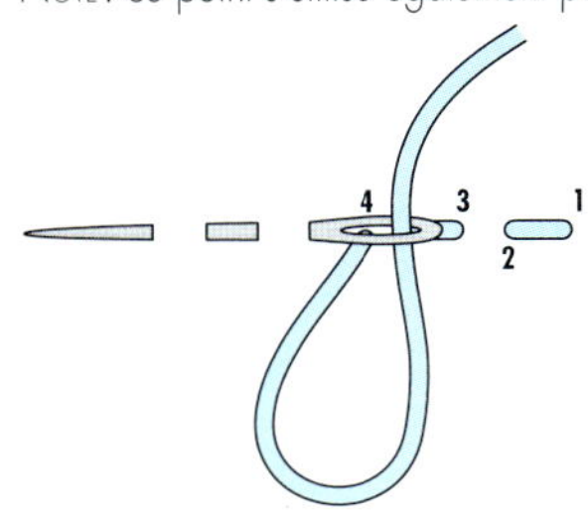


Il s'exécute de droite à gauche. L'aiguille traverse le tissu, passe dessous puis repasse sur le dessus du tissu à intervalles réguliers. Sortir en 1, piquer en 2, sortir en 3 et repiquer en 4.

### Point de chaînette

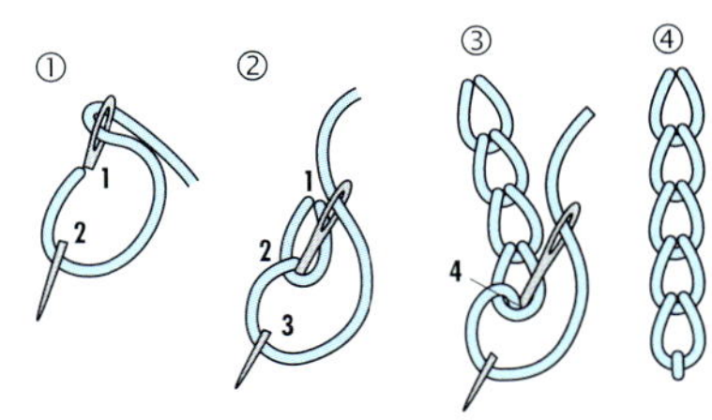


Sortir en 1, piquer juste à côté pour former une boucle. Sortir en 2, puis repiquer à l'intérieur de la boucle et ressortir en 3. Répéter ces étapes en travaillant régulièrement et en veillant à ne pas trop tirer sur le fil lors de la formation des boucles. Arrêter par un petit point.

### Point fendu
Ce point s'utilise souvent pour broder le contour d'une forme.

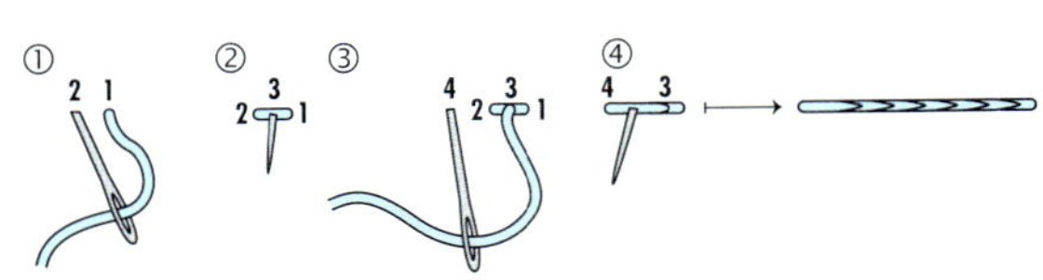


**Étape 1 :** sur l'endroit de l'ouvrage, sortir le fil en 1 et piquer en 2 (à une courte distance).
**Étape 2 :** ressortir en 3, (soit à travers et au centre du point précédent).
**Étape 3 :** piquer l'aiguille en 4.
**Étape 4 :** ressortir au centre et à travers le point précédent puis continuer selon le même principe. Pour terminer arrêter le fil sur l'envers.

### Point de maille (ou maille rebrodée)

Se réalise en travaillant de droite à gauche.

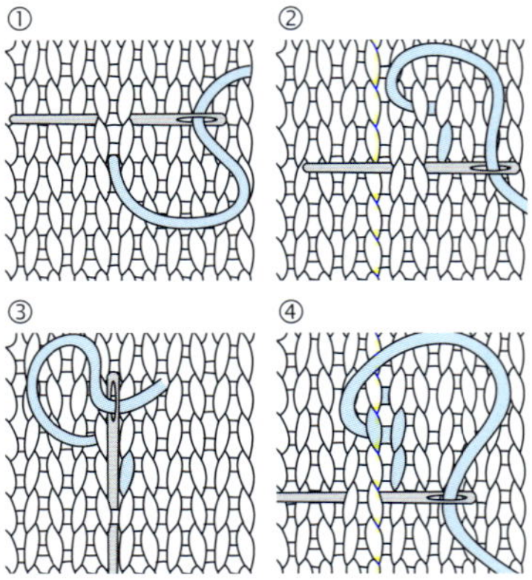


**Étape 1 :** passer l'aiguille sous le tricot, la ressortir dans la base d'une maille. Piquer l'aiguille juste au-dessus, de droite à gauche, derrière la maille.

**Étape 2 :** repiquer l'aiguille dans le creux de la maille pour la ressortir juste à côté, dans la base de la maille et recommencer.

**Étapes 3 & 4 :** pour faire le deuxième rang, piquer sous la maille du dessous. Retourner le travail et broder de droite à gauche comme précédemment.

### Point de feston

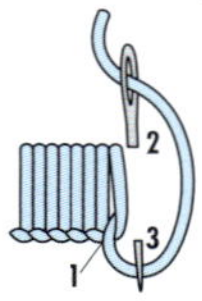


Il s'exécute de gauche à droite. Le fil sort en 1. Piquer l'aiguille en 2 et ressortir en 3 en maintenant le fil sous la pointe de l'aiguille. Continuer selon le même principe.

### Point de tige

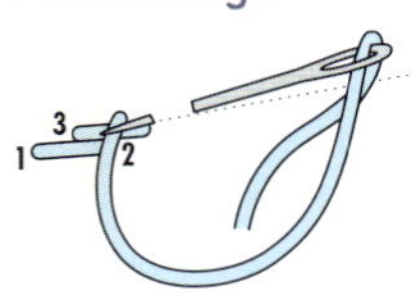


Il s'exécute de gauche à droite et s'utilise pour les lignes droites ou courbes. Le fil sort en 1. Piquer l'aiguille en 2 sur la droite et ressortir l'aiguille en 3 légèrement en biais et au-dessus du fil, au milieu du point précédent.

# Assemblage

Commencer par repasser légèrement toutes les pièces à assembler à l'aide d'une pattemouille (sauf indication contraire sur l'étiquette de la pelote). Coudre les épaules. Ensuite, pour les manches, faire coïncider le milieu du haut des manches avec la couture d'épaule et assembler la manche aux emmanchures. Enfin, coudre les bords latéraux du dos (ou des demi-dos) avec les bords latéraux du devant (ou des demi-devants).

*Note :* adapter les étapes en fonction des projets. Il existe plusieurs façons de coudre les différentes pièces d'un vêtement entre elles.

Voici les deux techniques les plus courantes :

## ... en couture invisible

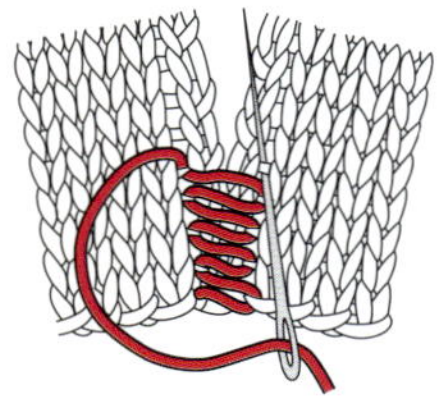

Pour obtenir des coutures invisibles et des mailles bien alignées, coudre sur l'endroit du travail, en piquant l'aiguille dans chaque maille des deux pièces à assembler.

## ... au point de surjet

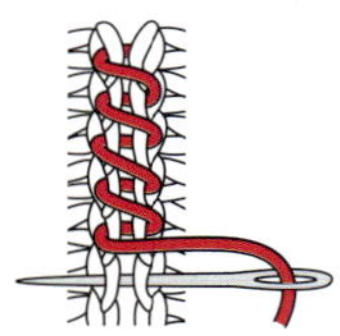

Placer les deux pièces à assembler face à face. Passer une aiguille à tapisserie dans un seul brin de la maille en lisière de la première pièce puis dans un seul brin de la maille en lisière correspondante de l'autre pièce. Continuer à passer l'aiguille dans un brin de la première pièce, puis dans le brin correspondant de l'autre pièce sur la totalité de la longueur à assembler.

## Assemblage des jambes

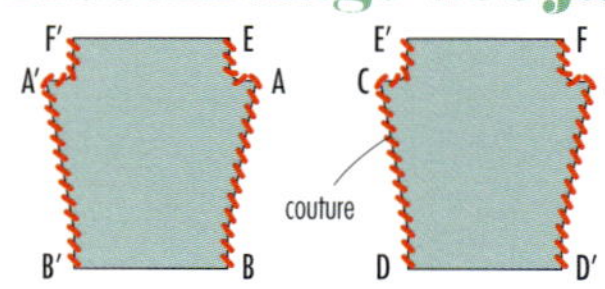


Assembler les jambes à petits pts avant. Bien repérer AA', BB', CC', DD', puis EE', AC, FF' et A'C' du schéma.

## Assemblage des chaussures

Commencer par coudre les bords latéraux à l'arrière de la tige pour former un cylindre. Puis, superposer la semelle et les bords du bas de la tige, envers contre endroit, et coudre le pourtour au point avant (à travers toutes les épaisseurs), en laissant un léger décalage par rapport au bord, pour former un léger « bourrelet ».

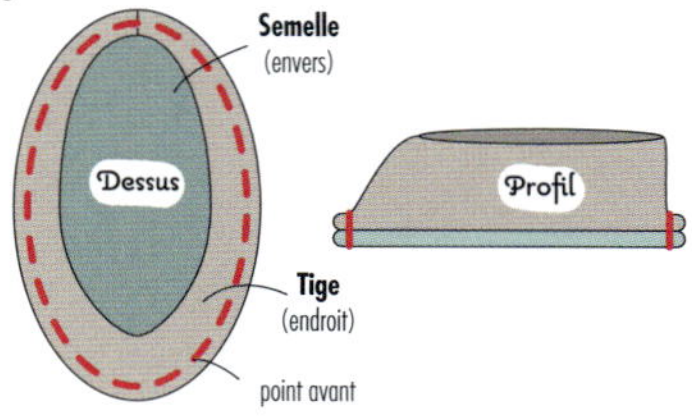

# Les tenues

## Janvier
explications p. 20

## Février
explications p. 26

## Mars
explications p. 30

## Avril
explications p. 34

## Mai
explications p. 38

## Juin
explications p. 42

## Juillet
explications p. 46

## Août
explications p. 50

## Septembre
explications p. 54

## Octobre
explications p. 58

## Novembre
explications p. 62

## Décembre
explications p. 66

# Les modèles

# Poupée Cerise

## Fournitures

### Pour le corps

- 1 pelote qualité Coton Mercerisé, coloris Écru (Bergère de France, réf: 21242)
- Ouate synthétique
- Crochet n°2

### Pour la tête

- 1 pelote qualité Calinou, coloris Terre (Bergère de France, réf: 10052)
- Ouate synthétique
- Crochet n°2

### Pour les cheveux

- 1 pelote qualité Filomèche, coloris Brownie (Bergère de France, réf: 54592)

### Pour les yeux

- un peu de qualité 100 % Coton Bio, coloris Noir (Bergère de France, réf: 10681)
- un peu de qualité 100 % Coton bio, coloris Royal (Bergère de France, réf: 10677)

### Pour la bouche

- un peu de qualité 100 % Coton Bio, coloris Vermeille (Bergère de France, réf: 10666)

## Points utilisés

### Au crochet

*maille air, maille coulée, maille serrée, diminution, augmentation, franges*: voir glossaire p. 5.

## Réalisation

### Première jambe

*Note*: elle se commence par le pied.

#### Pied

Avec le crochet n°2 et le col. Écru, commencer dans un rond de 3 *ma.*, fermé par 1 *mc.*
*Note*: ts les T se commencent par 1 *ma.* (ne compte pas comme 1 m.) et se ferment par 1 *mc.* (non précisé par la suite).
**T1**: 6 *ms.* (= 6 m.)
**T2**: 6 *aug.* (= 12 m.)
**T3**: répéter 6 fs *1 *ms.*, 1 *aug.** (= 18 m.)
Crocheter 5 T.

#### Talon

Poursuivre en aller-retour par 16 *ms.*, tourner le trav., puis:
**R suiv.**: 1 *mc.*, 14 *ms.*, 1 *mc.*, tourner le trav.
**R suiv.**: 1 *mc.*, 12 *ms.*, 1 *mc.*, tourner le trav.
**R suiv.**: 1 *mc.*, 10 *ms.*, 1 *mc.*, tourner le trav.
**R suiv.**: 1 *mc.*, 8 *ms.*, 1 *mc.*, tourner le trav.
**R suiv.**: 1 *mc.*, 6 *ms.*, 1 *mc.*, tourner le trav.
**R suiv.**: 1 *mc.*, 4 *ms.*, 1 *mc.*, NE PAS TOURNER LE TRAV.
Puis crocheter à nouveau en *ms.* sur l'ens. des m. (= 18 m).

*Schéma talon*
*Note*: pour faciliter la compréhension du dessin, les col. ne reflètent pas la réalité.

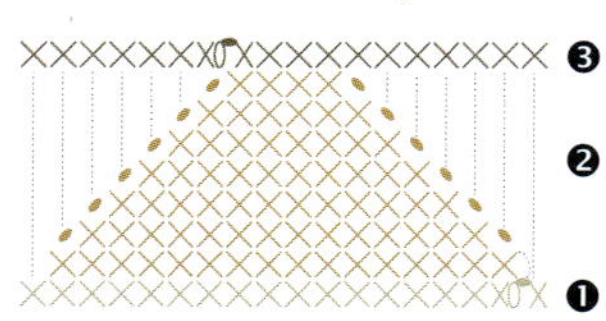


- *1 maille coulée*: piquer le crochet dans 1 m., 1 jeté et écouler ttes les boucles sur le crochet.
× *1 maille serrée*: piquer le crochet dans 1 m., 1 jeté à travers la m., 1 jeté, écouler ttes les boucles sur le crochet.
○ *1 maille air*: 1 jeté, écouler la boucle sur le crochet.
❶ dernier tour avant le talon
❷ Crocheter en aller-retour en ms. avec 1 mc. en début et fin de rg.
❸ Crocheter à nouveau en rond sur l'ens. des m.

#### Haut de la jambe

Crocheter encore 25 T, terminer par 1 mc. avant d'arrêter et de couper le fil.

### Seconde jambe

Comme la première, MAIS sans arrêter, ni couper le fil.

# Poupée Cerise

## Bas du corps

Avec le fil de la seconde jambe, crocheter 9 *ms.* sur la première jambe, 4 *ma.*, crocheter les 18 *ms.* de la seconde jambe, 4 *ma.* et terminer par les 9 *ms.* restantes de la première jambe (= 44 m.)

**T suiv. :** en *ms.* TT en crochetant 1 *aug.* sur les m. 9, 10, 31 et 32 (= 48 m).

Crocheter 2 T.

**T suiv. :** en ms. avec 1 *aug.* sur les m. 11 et 33 (= 50 m.).

Crocheter 1 T.

**T suiv. :** répéter 5 fs *1 *aug.*, 9 *ms.** (= 55 m.).

Crocheter 1 T.

**T suiv. :** répéter 5 fs *1 *aug.*, 10 *ms.** (= 60 m.).

Crocheter 7 T.

**T suiv. :** répéter 5 fs *1 *dim.*, 10 *ms.** (= 55 m.).

Crocheter 4 T.

**T suiv. :** répéter 5 fs *1 *dim.*, 9 *ms.** (= 50 m.).

Crocheter 2 T.

**T suiv. :** répéter 10 fs *1 *dim.*, 3 *ms.** (= 40 m.).

Crocheter 3 T et mettre en attente.

## Bras (× 2)

Avec le crochet n°2 et le col. Écru, commencer dans un rond de 3 *ma.*, fermé par 1 *mc.*

*Note :* ts les T se commencent par 1 *ma.* (ne compte pas comme 1 m.) et se ferment par 1 *mc.* (non précisé par la suite).

**T1 :** 6 *ms.* (= 6 m.)

**T2 :** 6 *aug.* (= 12 m.)

**T3 :** répéter 4 fs *2 *ms.*, 1 *aug.** (= 16 m.).

Crocheter 4 T.

**T suiv. :** répéter 3 fs *1 *dim.*, 4 *ms.** (= 13 m.),

*Note :* dim. pour marquer le poignet.

**T suiv. :** répéter 3 fs *1 *aug.*, 4 *ms.** (= 16 m.).

Crocheter encore 23 T avant d'arrêter et de couper le fil.

Crocheter un **autre bras** identique.

## Haut du corps

Commencer par rembourrer les bras, les jambes et le bas du corps avec la ouate.

## Assemblage bras et bas du corps

Reprendre la m. en attente de la fin du bas du corps et crocheter ainsi : 6 *ms.* sur le corps, 8 *ms.* sur le premier bras (commencer par aplatir l'extrémité ouverte de celui-ci pour pouvoir crocheter ens. les 2 épaisseurs), les 12 *ms.* suiv. du corps, les 8 *ms.* de l'autre bras (à assembler comme le précéd.), terminer par les 6 dernières *ms.* du corps. Fermer le T par 1 *mc.* (= 40 m.).

*Note :* ts les T se commencent par 1 *ma.* (ne compte pas comme 1 m.) et se ferment par 1 *mc.* (non précisé par la suite).

## Cou (= fin du corps)

Crocheter 3 T en *ms.* sur les 40 m.

**T suiv. :** répéter 13 fs *1 *dim.*, 1 *ms.**, 1 *ms.* (= 27 m.).

Crocheter 1 T.

**T suiv. :** répéter 9 fs *1 *dim.*, 1 *ms.** (= 18 m.).

Crocheter 1 T.

**T suiv. :** répéter 6 fs *1 *dim.*, 1 *ms.** (= 12 m.).

Crocheter 1 T.

Arrêter la m. et couper une grande longueur de fil pour l'assemblage.

## Bas de la tête

Avec le crochet n°2 et le col. Écru, commencer dans un rond de 3 *ma.*, fermé par 1 *mc.*

*Note :* ts les T se commencent par 1 *ma.* (ne compte pas comme 1 m.) et se ferment par 1 *mc.* (non précisé par la suite).

**T1 :** 6 *ms.* (= 6 m.)

**T2 :** 6 *aug.* (= 12 m.)

**T3 :** répéter 6 fs *1 *m.s.*, 1 *aug.** (= 18 m.)

**T4 :** en *ms.* (= 18 m.).

**T5 :** répéter 9 fs *1 *aug.*, 1 *ms.** (= 27 m.).

**T6 :** en *ms.* (= 27 m.).

**T7 :** répéter 9 fs *1 *aug.*, 2 *ms.** (= 36 m.).

**T8 :** en *ms.* (= 36 m.).

**T9 :** répéter 12 fs *1 *aug.*, 2 *ms.** (= 48 m.).

**T10 & T11 :** en *ms.* (= 48 m.).

**T12 :** répéter 16 fs *1 *aug.*, 2 *ms.** (= 64 m.).

**T13-T15 :** en *ms.* (= 64 m.).

**T16 :** répéter 16 fs *1 *aug.*, 3 *ms.** (= 80 m.).

Crocheter 12 T.

**T suiv. :** répéter 16 fs *1 *dim.*, 3 *ms.** (= 64 m.).

Crocheter 2 T et mettre en attente.

## Yeux

*Note :* séparer la laine et n'utiliser que 3 brins de chaque col.
Avec le crochet n°2 et le col. Noir, commencer dans un rond de 4 *ma.* fermé par 1 *mc.*

*Note :* ts les T se commencent par 1 *ma.* (ne compte pas comme 1 m.) et se ferment par 1 *mc.* (non précisé par la suite).

**T1 :** 6 *ms.* (= 6 m.)

**T2 :** 3 *aug.* avec le col. Noir, 3 *aug.* avec le col. Royal (= 12 m.).

**T3 :** 6 *ms.* avec le col. Noir, 6 *mc.* avec le col. Écru (sur les 6 *ms.* en bleu).

Arrêter la m. et couper le fil.
Pour donner plus de profondeur au regard, avec le col. Écru, broder 1 *pt droit* sur 1 *ms.* en Noir.

*Schéma de l'œil*

- ■ coloris Noir
- ■ coloris Royal
- ■ coloris Écru

- ◀ Arrêter.
- ○ *1 maille air :* 1 jeté, écouler la boucle sur le crochet.
- • *1 maille coulée :* piquer le crochet dans 1 m., 1 jeté et écouler ttes les boucles sur le crochet.
- × *1 maille serrée :* piquer le crochet dans 1 m., 1 jeté à travers la m., 1 jeté, écouler ttes les boucles sur le crochet.
- *1 augmentation :* crocheter 2 ms. dans la même m.
- ▬ 1 point droit
- ❶ Crocheter les 3 T de l'œil.
- ❷ En Écru, broder 1 point droit sur 1 ms. en noir.

Coudre les yeux sur la tête.

## Haut de la tête et cheveux

### Finition de la tête

Reprendre la tête.

*Note :* rembourrer au fur et à mesure.

Avec le col. Terre, poursuivre les dim. ainsi :

**T suiv. :** répéter 16 fs *1 *dim.*, 2 ms.* (= 48 m.).
Crocheter 3 T.

**T suiv. :** répéter 12 fs *1 *dim.*, 2 ms.* (= 36 m.).
Crocheter 2 T.

**T suiv. :** répéter 9 fs *1 *dim.*, 1 ms.* (= 27 m.).
Crocheter 1 T.

**T suiv. :** répéter 9 fs *1 *dim.*, 1 ms.* (= 18 m.).
Crocheter 1 T. Finir le rembourrage.

**T suiv. :** 9 *dim.* (= 9 m.).
Arrêter la m. et couper le fil.

### Cheveux

Avec le col. Brownie, couper autant de brins de 20 cm que nécessaire. À l'aide du crochet, faire 1 *frange* (= mèche de cheveux) sur chaque m. du T de séparation entre les col. de la tête, puis dans ttes les m. du haut de la tête pour compléter la chevelure.
Égaliser les cheveux et couper la frange au-dessus des yeux.

## Bouche

*Note :* séparer la laine et n'utiliser que 3 brins du col.
Avec le crochet n°2 et le col. Vermeille, commencer dans un rond de 3 *ma.* fermé par 1 *mc.*

*Note :* ts les T se commencent par 1 *ma.* (ne compte pas comme 1 m.) et se ferment par 1 *mc.* (non précisé par la suite).

**T1 :** 6 *ms.* (= 6 m.)

**T2 :** 6 *aug.* (= 12 m.)

Arrêter la m. et couper le fil.
Coudre la bouche sous les yeux.

## Assemblage et finitions

Assembler solidement la tête au corps.
Coudre la séparation entre les jambes et le corps au *pt avant*, afin de bloquer la ouate et permettre à Cerise de s'asseoir plus facilement.

# Janvier

## Fournitures

### Pour le pull

- 1 pelote qualité Cirrus, coloris Or (Bergère de France, réf: 10563)
- 40 cm de ruban vert émeraude de 0,3 cm
- Aiguilles à tricoter n°6

### Pour la jupe

- 1 pelote qualité Calinou, coloris Cobalt (Bergère de France, réf: 10031)
- un peu de qualité Metalika, coloris Étoile (Bergère de France, réf: 23864)
- 15 x 150 cm de tulle blanc (jupon)
- Aiguilles à tricoter n°3
- Crochet n°2,5

### Pour le bandeau

- un peu de qualité Calinou, coloris Cobalt (Bergère de France, réf: 10031)
- un peu de qualité Metalika, coloris Étoile (Bergère de France, réf: 23864)
- Aiguilles à tricoter n°3
- Crochet n°2,5

### Pour les chaussures

- un peu de qualité Calinou, coloris Cobalt (Bergère de France, réf: 10031)
- un peu de qualité Metalika, coloris Étoile (Bergère de France, réf: 23864)
- Aiguilles à tricoter n°3
- Crochet n°2,5

## Points utilisés

### Au tricot

*maille endroit, maille envers, augmentation, diminution, point mousse, jersey endroit, jersey envers, côtes 1/1 :* voir glossaire p. 7.

*torsades A et B :* voir diagrammes correspondants.

### Au crochet

*point écrevisse :* voir glossaire p. 5.

### En broderie

*point fendu :* voir glossaire p. 9.

THANK YOU
DANKE
MERCI
GRAZIE

# Réalisation

## Pull

### Devant

Avec les aig.n°6 et le col. Or, monter 18 m.
Tricoter 2 rgs en *côtes 1/1*.
Continuer en répartissant les m. ainsi : 4 m. en *jersey end.*, 2 m. en *jersey env.*, les 6 m. de la *torsade A*, 2 m. en *jersey env.*, 4 m. en *jersey end.*
À 6 cm de HT (au niveau du 2e croisement),
pour les **emmanchures**, rabattre de chaque côté : 1 × 2 m. et 1 × 1 m. ts les 2 rgs (= 12 m.).
Tricoter 2 rgs.
Pour l'**encolure**, rabattre les 4 m. centrales.
Continuer chaque partie séparément, en rabattant, côté encolure : 1 × 1 m. Puis rabattre souplement les 3 m. restantes pour l'**épaule**.
Tricoter l'**autre épaule** en vis-à-vis.

*Diagramme de la torsade A*

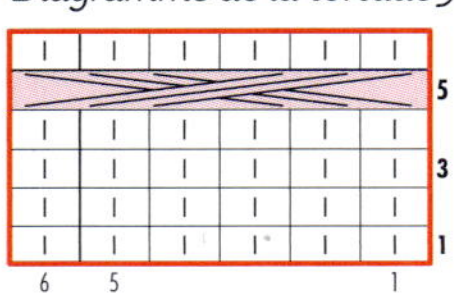


**1 maille endroit :** tricoter 1 m. end. sur l'end. de l'ouvrage ou 1 m. env. sur l'env. de l'ouvrage.

**6 mailles croisées à droite :** glisser 3 m. sur 1 aig. aux. placée DERRIÈRE l'ouvrage, tricoter les 3 m. suivantes à l'end., puis tricoter les m. de l'aig. aux. à l'end.

Répéter la partie encadrée.

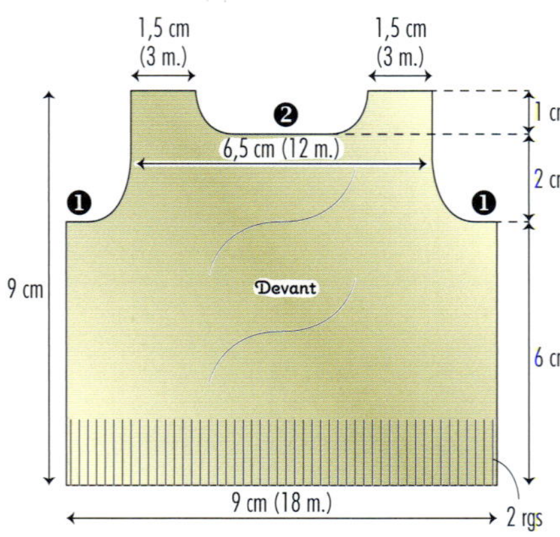


❶ **Emmanchures :** rabattre 1 × 2 m., 2 × 1 m. ts les 2 rgs.
❷ **Encolure :** rabattre les 4 m. centrales, puis 1 × 1 m. de chaque côté.

### Dos

Avec les aig.n°6 et le col. Or, monter 18 m.
Tricoter 2 rgs en *côtes 1/1*.
Continuer en répartissant les m. ainsi : 4 m. en *jersey end.*, 2 m. en *jersey env.*, 6 m. en *jersey end.*, 2 m. en *jersey env.*, 4 m. en *jersey end.*
Après 4 rgs depuis les *côtes 1/1*, sur l'end. du trav., pour la **fente**, scinder l'ouvrage en deux, et SIMULTANÉMENT, *augmenter* 1 m. côté sur le bord externe de la fente (= 2 × 10 m.).
Continuer chaque partie séparément.
**Pour le demi-dos droit :** à 6 cm de HT, pour l'**emmanchure**, rabattre À DROITE (= en début de rg sur l'end. du trav.) : 1 × 2 m. et 1 × 1 m. ts les 2 rgs (= 7 m.). Tricoter 2 rgs.
Pour l'**encolure**, rabattre À GAUCHE (= en début de rg sur l'env. du trav.) : 1 × 3 m. et 1 × 1 m. ts les 2 rgs. À 9 cm de HT, rabattre les 3 m. restantes pour l'**épaule**.
**Pour le demi-dos gauche :** comme **demi-dos droit**, MAIS en vis-à-vis (= rabattre À GAUCHE pour l'**emmanchure** et À DROITE pour l'**encolure**).

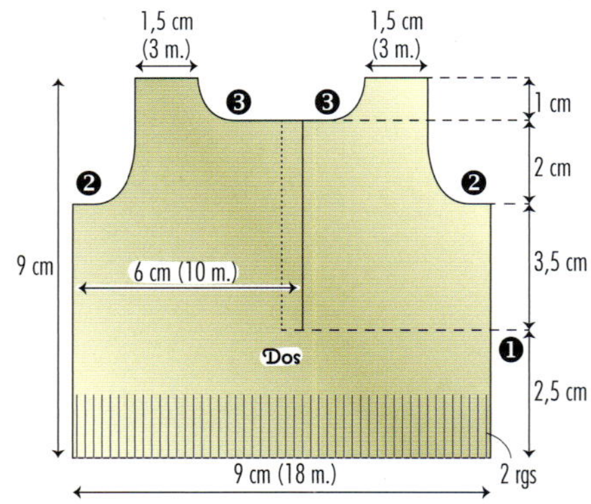


❶ **Fente :** séparer l'ouvrage en deux, SIMULTANÉMENT, *augmenter* 1 × 1 m. côté bord externe de la fente.
❷ **Emmanchures :** rabattre 1 × 2 m., 2 × 1 m. ts les 2 rgs.
❸ **Encolure :** rabattre (côté central) 1 × 3 m., 1 × 1 m. ts les 2 rgs.

## Manche droite

Avec les aig.n°6 et le col. Or, monter 14 m. Tricoter 2 rgs en côtes 1/1.

Continuer en répartissant les m. ainsi : 3 m. en *jersey end.*, 2 m. en *jersey env.*, les 4 m. de la *torsade B*, 2 m. en *jersey env.*, 3 m. en *jersey end.* SIMULTANÉMENT, *augmenter* 1 m. à chaque extrémité (= 16 m.).

Pour l'**arrondi d'épaule**, au 6e rg, rabattre de chaque côté : 1 × 2 m. et 3 × 1 m. ts les 2 rgs.

Rabattre souplement les 6 dernières m. Couper le fil.

*Diagramme de la torsade B*

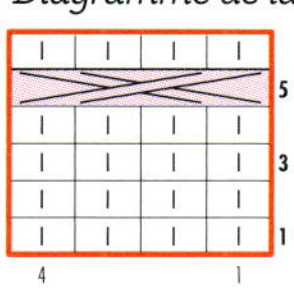


*1 maille endroit :* tricoter 1 m. end. sur l'end. de l'ouvrage ou 1 m. env. sur l'env. de l'ouvrage.

*4 mailles croisées à droite :* glisser 2 m. sur 1 aig. aux. placée DERRIÈRE l'ouvrage, tricoter les 2 m. suivantes à l'end., puis tricoter les m. de l'aig. aux. à l'end.

Répéter la partie encadrée.

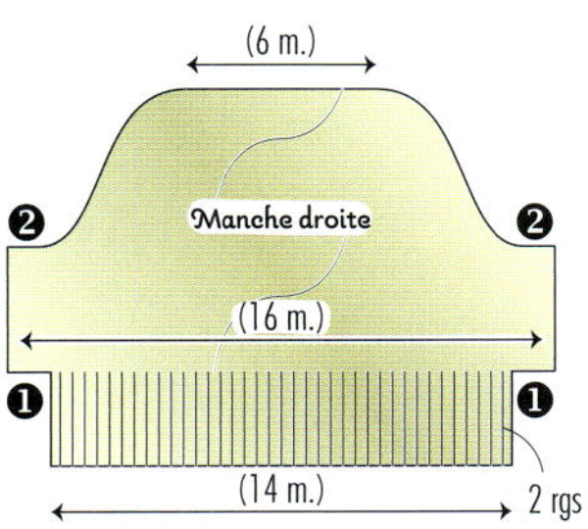


1. *Augmenter* 1 × 1 m.
2. **Arrondi épaule :** rabattre 1 × 2 m., 3 × 1 m. ts les 2 rgs.

## Manche gauche

Comme **manche droite**, MAIS en remplaçant les 4 m. de la *torsade B* par 4 m. en *jersey end.*

## Assemblage et finitions

Coudre les épaules. Monter les manches aux emmanchures, puis assembler le dessous des manches et les côtés du dos et du devant à petits pts invisibles (voir assemblage p. 10).

## Col

Avec les aig.n°6 et le col. Or, relever régulièrement 25 m. autour de l'encolure et tricoter 8 rgs en *côtes 1/1* avant de rabattre souplement ttes les m. Replier le col à mi-hauteur vers l'intérieur et le coudre souplement en place.

## Fermeture du dos

Lacer le ruban vert de chaque côté de l'ouverture du pull. Faire des nœuds à chaque extrémité du ruban.

NOTE : retourner les manches du pull sur la hauteur des côtes 1/1 pour donner au pull un p'tit côté décontracté.

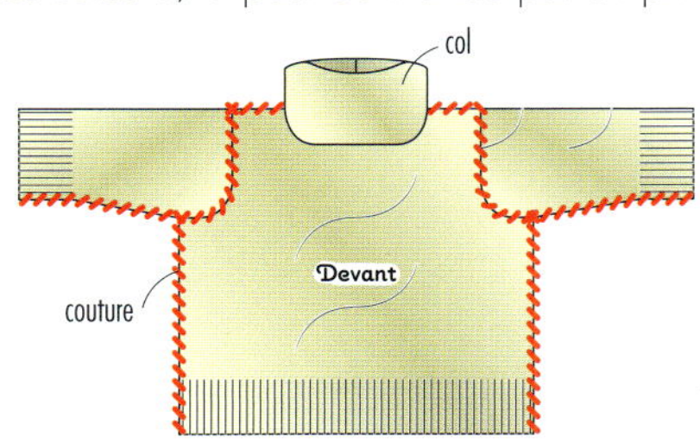


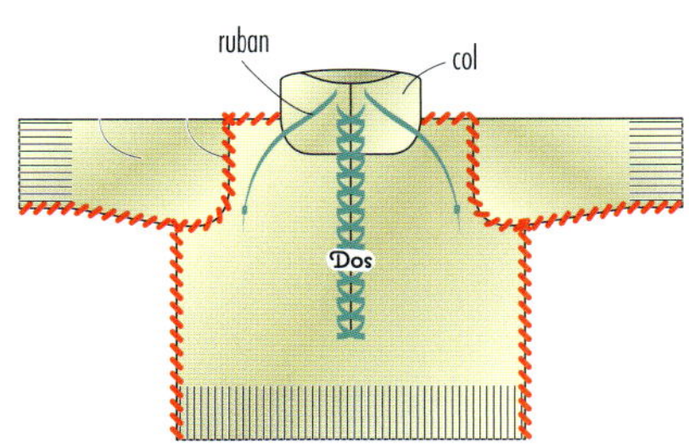

## Jupe

Note : elle se réalise en deux parties.

### Première partie (taille)

Avec les aig. n°3 et le col. Cobalt, monter 7 m.
Tricoter 13 cm au *pt mousse*.
Rabattre souplement les m. Couper le fil.

### Deuxième partie (bas)

Avec les aig. n°3 et le col. Cobalt, relever régulièrement 40 m. sur une grande longueur de la première partie.
**R suiv.:** 40 *aug.* (= 80 m.).
Poursuivre en *jersey end.*
À 4 cm de HT, rabattre souplement les m. Couper le fil.

### Assemblage et finitions

Assembler les bords de la jupe à petits pts invisibles (voir assemblage p. 10).

#### Bordure bas de la jupe

Avec le crochet n°2,5 et le col. Étoile, crocheter un tour au *pt écrevisse*.

#### Jupon

Répartir 44 plis le long du bord supérieur de la bande de tulle et passer un fil de fronce pour les maintenir en place.
Froncer jusqu'à obtenir le tour de taille de Cerise (= 14 cm) et mettre en attente.
Coudre à petits pts avant le haut du jupon à l'intérieur du haut de la jupe.
Puis couper le tulle en pointes.

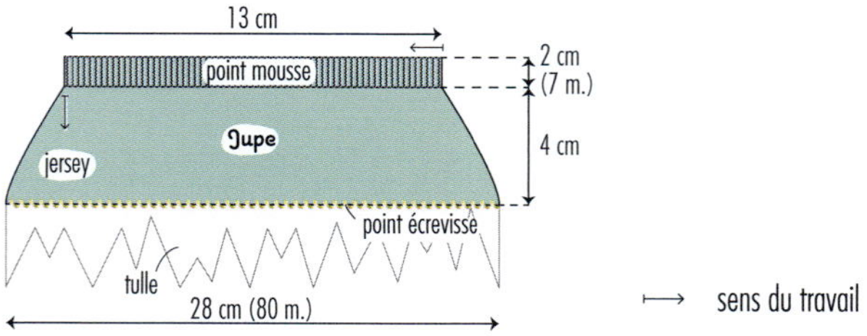


## Bandeau

### Corps

Avec les aig. n°3 et le col. Cobalt, monter 6 m.
Tricoter 27 cm au *pt mousse*. Rabattre souplement ttes les m.

### Assemblage et finitions

#### Bordure

Avec le crochet n°2,5 et le col. Cobalt, crocheter au *pt écrevisse* sur tt le pourtour.

#### Broderie

Avec le col. Étoile, broder au *pt fendu* au centre sur tte la longueur.

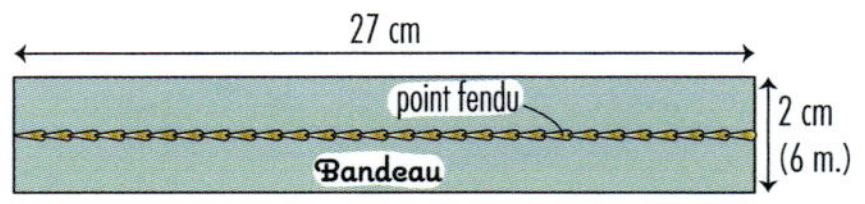

## Chaussures (× 2)

### Semelle

Avec les aig. n°3 et le col. Cobalt, monter 4 m.
Tricoter au *pt mousse*. Simultanément, *augmenter* de chaque côté : 1 × 1 m. (6 m.).
**Rg suiv. :** faire 1 *aug.* au milieu du rg (= 7 m.).
Tricoter 10 rgs.
**Rg suiv. :** faire 1 *dim.* au milieu du rg (= 6 m.).
**Rg suiv. :** faire 1 *dim.* à chaque extrémité (= 4 m.).
**Rg suiv. :** rabattre souplement ttes les m. Couper le fil.

### Tige

Avec les aig. n°3 et le col. Cobalt, monter 30 m.
Tricoter 2 rgs à l'end.
**Rg suiv. (= end. du trav.) :** 8 *m. end.*, *1 *dim.*, 1 *m. end.**, au total, répéter 5 fs depuis*, 7 *m. end.* (= 25 m.)
**Rg suiv. (= env. du trav.) :** à l'env.
**Rg suiv. :** 5 *m. end.*, *1 *dim.*, 1 *m. end.**, au total, répéter 5 fs depuis*, 5 *m. end.* (= 20 m.).
**Rg suiv. :** à l'env.
Tricoter 3 rgs au *pt mousse* avant de rabattre souplement ttes les m. Couper le fil.

### Assemblage et finitions

Rentrer les fils. Coudre l'arrière de la tige. Réunir la semelle et la tige au *pt avant* et en faisant dépasser la semelle.
(voir assemblage p. 10).
Tricoter une **seconde chaussure** identique.

# Février

## Fournitures

### Pour le pull

- 1 pelote qualité Barisienne, coloris Vitrain (Bergère de France, réf: 22769)
- un peu de qualité Idéal, coloris Pavot (Bergère de France, réf: 24408)
- 2 boutons rouges (Ø: 0,5 cm)
- Aiguilles à tricoter n°4
- Crochet n°2,5

### Pour le pantacourt

- 1 pelote qualité Idéal, coloris Pavot (Bergère de France, réf: 24408)
- Aiguilles à tricoter n°4
- Crochet n°2,5

### Pour les chaussures

- un peu de qualité Barisienne, coloris Vitrain (Bergère de France, réf: 22769)
- 4 petites perles rouges (Ø: 0,4 cm)
- Aiguilles à tricoter n°4

### Pour le bandeau

- 1 pelote qualité Idéal, coloris Pavot (Bergère de France, réf: 24408)
- Aiguilles à tricoter n°4

## Points utilisés

### Au tricot

*maille endroit, maille envers, augmentation, diminution, diminution à « N » mailles du bord, surjet simple, point mousse, jersey endroit, côtes 1/1, côtes 2/2*: voir glossaire p. 7.

### Au crochet

*maille air, maille coulée, maille serrée*: voir glossaire p. 5.

### En broderie

*point de maille*: voir glossaire p. 9.

## Réalisation

### Pull

#### Devant

Avec les aig. n°4 et le col. Vitrain, monter 20 m.
Tricoter 2 rgs au *pt mousse*, et 8 rgs en *jersey end.*
Pour les **emmanchures**, rabattre de chaque côté : 1 × 2 m. (= 16 m.).
Pour les **raglans**, *diminuer à 2 m. des bords* : 4 × 1 m. ts les 2 rgs.
Laisser les 8 m. restantes en attente.

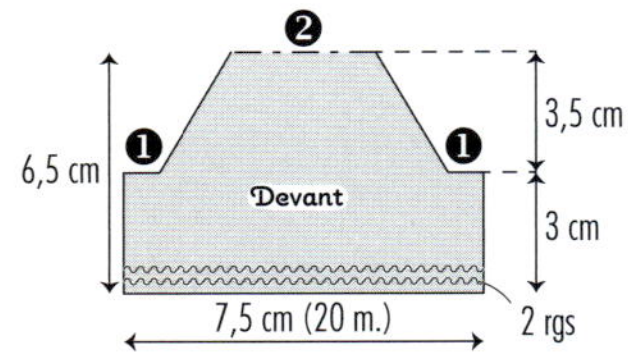


❶ **Emmanchures :** rabattre 1 × 2 m.
**Raglans :** *diminuer à 2 m. des bords* : 4 × 1 m. ts les 2 rgs.
❷ Laisser les 8 m. en attente.

#### Dos

Avec les aig. n°4 et le col. Vitrain, monter 20 m.
Tricoter 2 rgs au *pt mousse*, et continuer en *jersey end.*
À 1 cm de HT, pour la **fente**, scinder l'ouvrage en deux (= 2 × 10 m.). Poursuivre chaque partie séparément.
**Pour le demi-dos droit :** après 8 rgs en *jersey end.*, pour l'**emmanchure**, rabattre À DROITE (= en début de rg sur l'end. du trav.) : 1 × 2 m. (= 8 m.).
Pour les **raglans**, *diminuer à 2 m. du bord* DROIT : 4 × 1 m. ts les 2 rgs. Laisser les 4 m. restantes en attente.
**Pour le demi-dos gauche :** comme **demi-dos droit**, MAIS en rabattant À GAUCHE (= en début de rg sur l'end. du trav.) pour l'**emmanchure** et en *diminuant à 2 m. du bord* GAUCHE.

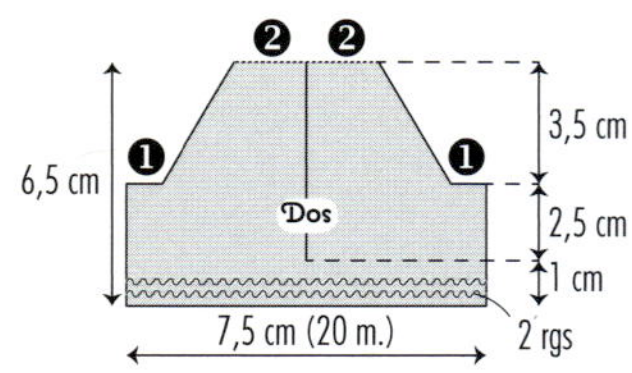


❶ **Emmanchures :** rabattre 1 × 2 m.
**Raglans :** *diminuer à 2 m. du bord (côté emmanchure)* : 4 × 1 m. ts les 2 rgs.
❷ Laisser les 4 m. en attente.

### Manches (× 2)

Avec les aig. n°4 et le col. Vitrain, monter 18 m.
Tricoter 2 rgs au *pt mousse*, et 6 rgs en *jersey end.*
Pour les **emmanchures**, rabattre de chaque côté :
1 × 2 m. (= 14 m.)
Pour les **raglans**, *diminuer à 2 m. des bords* :
4 × 1 m. ts les 2 rgs.
Laisser les 6 m. restantes en attente.
Tricoter une **autre manche** identique.

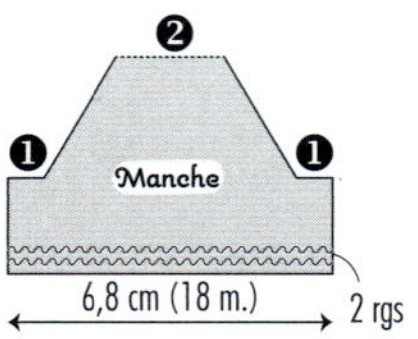


❶ **Emmanchures :** rabattre 1 × 2 m.
**Raglans :** *diminuer à 2 m. des bords :* 4 × 1 m. ts les 2 rgs.

❷ Laisser les 6 m. en attente.

### Assemblage et finitions

#### Col

Reprendre ttes les m. en attente, soit : les 4 m. du **demi-dos gauche**, les 6 m. de la **manche**, les 8 m. du **devant**, les 6 m. de l'**autre manche** et les 4 m. du **demi-dos droit** au *pt mousse*.
SIMULTANÉMENT, faire 1 *dim.* entre chaque élément (= 24 m.).
Tricoter 3 rgs au *pt mousse* et rabattre souplement ttes les m.
Coudre les épaules, les raglans, le dessous des manches, et les bords latéraux du devant et du dos à petits pts invisibles (voir assemblage p. 10).

#### Bande de boutonnage

Avec le crochet n°2,5 et le col. Vitrain, en commençant à 1 cm du bord de la **fente**, crocheter : 1 *mc.*, 5 *ma.*, 1 *mc.* (= 1re boutonnière), 5 *mc.*, 5 *ma.* et 1 *mc.* (= 2e boutonnière).
Arrêter la m. et couper le fil.
Coudre les boutons en vis-à-vis des boutonnières.

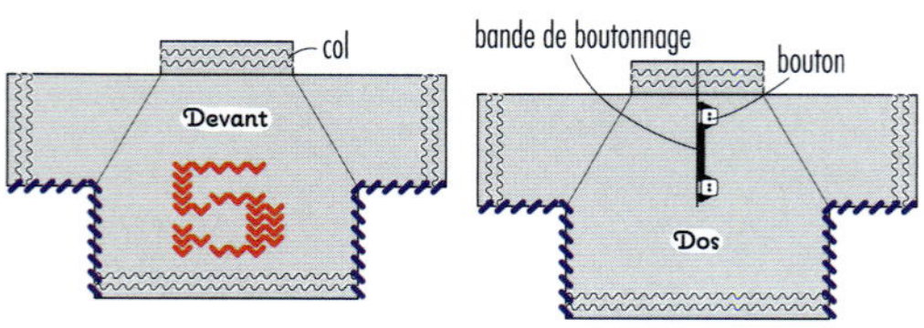


#### Broderie

Avec le col. Pavot, broder le chiffre « 5 » au *pt de m.* (voir diag.) au centre du devant.

*Diagramme broderie*

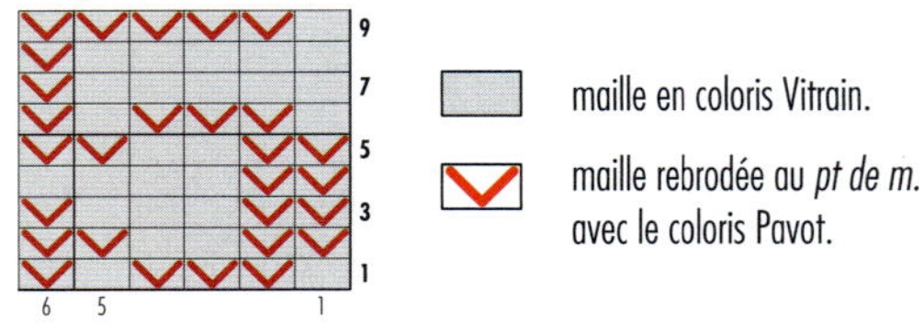


## Pantacourt

*NOTE :* il se commence par le bas de la jambe.

### Jambes (× 2)

Avec les aig. n°4 et le col. Pavot, monter 26 m.
Tricoter 2 rgs au *pt mousse*, puis continuer en *jersey end.*
Au 5e rg (de HT), faire 1 *dim. à 1 m. des bords* ET 1 *dim.T* au milieu (= 23 m.).
Répéter ce rg de dim. 3 rgs plus haut (= 20 m.).
Tricoter 4 rgs.
**Rg suiv. :** pour l'**entrejambe**, rabattre de chaque côté :
1 × 2 m. (= 16 m.).
Laisser les m. en attente.
Tricoter une **autre jambe** identique.

### Haut du pantacourt

Réunir les 2 jambes sur une même aig. (= 32 m.).
Tricoter 5 rgs en *jersey end.* et 2 rgs en *côtes 1/1*.
Rabattre souplement ttes les m.
Couper le fil.

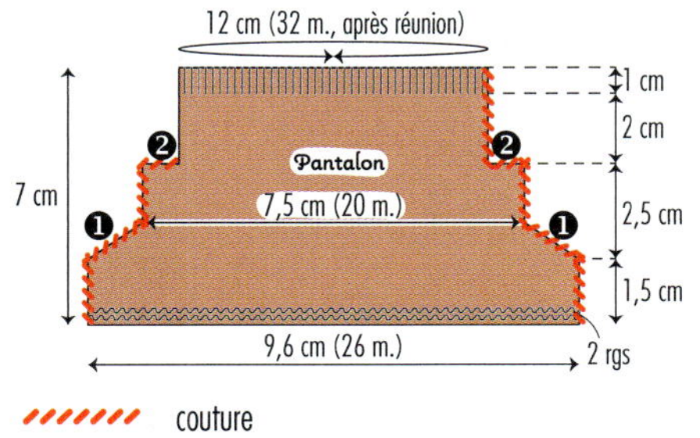


❶ **Biais :** au rg 5 (de HT), 1 *dim.* à chaque extrémité + 1 *dim.* au milieu. Répéter ce rg de dim. 3 rgs plus haut.

❷ **Entrejambe :** rabattre 1 × 2 m., puis réunir les jambes.

## Assemblage et finitions

Coudre les côtés des jambes à petits pts invisibles (voir assemblage p. 10).
Coudre le dos du pantacourt.

## Bandeau

Avec les aig. n°4 et le col. Pavot, monter 5 m.
Tricoter au *pt mousse* pendant 30 cm avant de rabattre souplement les m. Rentrer les fils.
Coudre les extrémités en formant un nœud.

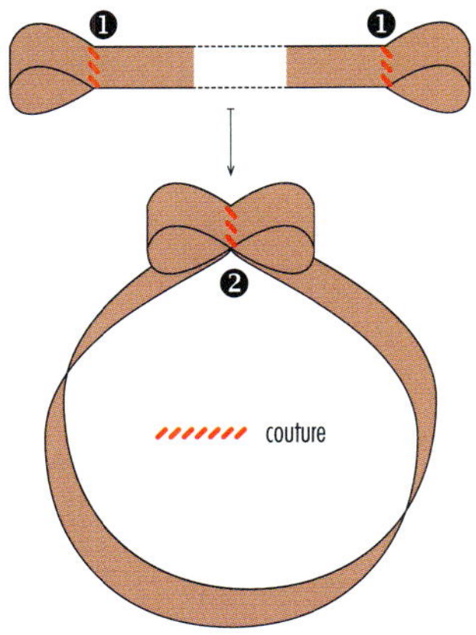


❶ Replier et coudre chaque extrémité pour former un rond.

❷ Superposer les ronds et coudre pour former le nœud.

## Chaussures (× 2)

### Semelle

Avec les aig. n°4 et le col. Vitrain, monter 3 m.
Tricoter au *pt mousse*. SIMULTANÉMENT, *augmenter* de chaque côté : 1 × 1 m. (= 5 m.).
**R suiv. :** 1 *aug.* au centre (= 6 m.).
Tricoter 4 rgs.
**R suiv. :** faire 1 *dim.* au centre (= 5 m.).
**R suiv. :** faire 1 *dim.* à chaque extrémité (= 3 m).
**R suiv. :** rabattre les m. Couper le fil.

### Tige du pied

Avec les aig. n°4 et le col. Vitrain, monter 24 m.
Tricoter 2 rgs au *pt mousse*.
**R suiv. (= end. du trav.) :** *6 m. end., *1 SS, 1 m. end.* ; répéter 4 fs depuis*, *6 m. end.* (= 20 m.).
**R suiv. (= env. du trav.) :** à l'env.
**R suiv. :** *4 m. end., *1 SS, 1 m. end.* ; répéter 4 fs depuis*, *4 m. end.* (= 16 m.).
**R suiv. :** à l'env.
Puis tricoter 2 rgs en *côtes 2/2* avant de rabattre souplement ttes les m. Couper le fil.

### Assemblage et finitions

Rentrer les fils. Coudre l'arrière de la tige. Réunir la semelle et la tige au *pt avant* et en faisant dépasser la semelle. (voir assemblage p. 10).
Tricoter une **seconde chaussure** identique.

Enfiler 2 perles rouge sur le col. Pavot.
Coudre sur les côtes 2/2 ces 2 perles en les faisant pendre sur le côté des chaussures.

# Mars

## Fournitures

### Pour le pull

- 1 pelote qualité Idéal, coloris Fougère (Bergère de France, réf : 10758)
- un peu de qualité Calinou, coloris Gris souris (Bergère de France, réf : 10040)
- 1 bouton vert (Ø : 0,6 cm)
- Aiguilles à tricoter n°3
- Crochet n°2,5

### Pour le pantalon

- 1 pelote qualité Calinou, coloris Gris souris (Bergère de France, réf : 10040)
- Aiguilles à tricoter n°3

### Pour les chausssures

- un peu de qualité Calinou, coloris Gris souris (Bergère de France, réf : 10040)
- un peu de qualité Idéal, coloris Fougère (Bergère de France, réf : 10758)
- Aiguilles à tricoter n°3

## Points utilisés

### Au tricot

*maille endroit, maille envers, augmentation, diminution, surjet simple, point mousse endroit, point mousse envers, jersey endroit, côtes 1/1 :* voir glossaire p. 7.

*Surjet simple envers :* glisser 1 m. env., 1 m. env., passer la m. glissée par-dessus la m. tricotée.

### Au crochet

*maille air, maille coulée :* voir glossaire p. 5.

## Réalisation

### Pull

#### Devant

Avec les aig. n°3 et le col. Gris souris, monter 25 m.
Tricoter 2 rgs en *côtes 1/1*. Continuer avec le col. Fougère en répartissant les m. ainsi : 1 *m. end.*, *2 m. au *pt mousse env.*, 5 m. en *jersey end.* ; au total, répéter 3 fs depuis*, terminer par 2 m. au *pt mousse env.*, 1 *m. end.*
Tricoter 10 rgs selon cette répartition.
Puis tricoter les 3 rgs du *jacquard*.
Simultanément, à partir du 2e rg du *jacquard*, pour les **emmanchures**, rabattre de chaque côté : 1 × 2 m., 2 × 1 m. ts les 2 rgs (= 17 m.).
À 5,5 cm de HT, pour l'**encolure**, rabattre les 5 m. centrales. Continuer chaque partie séparément, en rabattant côté encolure : 2 × 1 m. ts les 2 rgs.
Puis, pour l'**épaule**, rabattre les 4 m. restantes.
Tricoter l'**autre épaule** en vis-à-vis.
Couper le fil.

*Diagramme du jacquard*

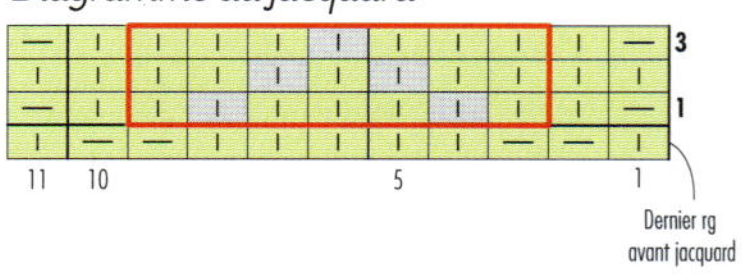


[ | ] **1 maille endroit :** tricoter 1 m. end. sur l'end. de l'ouvrage ou 1 m. env. sur l'env. de l'ouvrage.

[ – ] **1 maille envers :** tricoter 1 m. env. sur l'end. de l'ouvrage ou 1 m. end. sur l'env. de l'ouvrage.

Répéter la partie encadrée.

coloris Fougère

coloris Gris souris

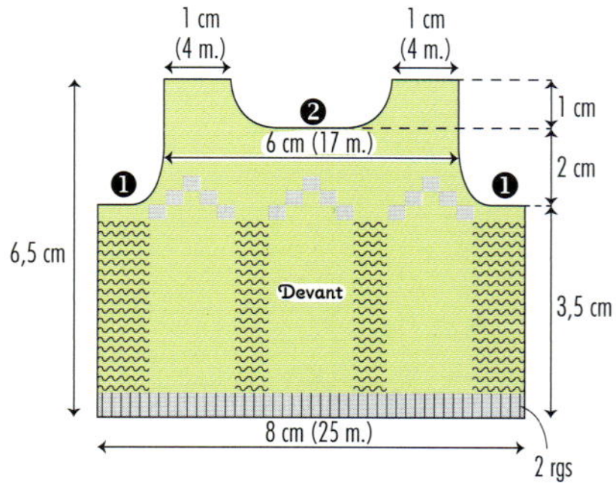


❶ **Emmanchures :** rabattre 1 × 2 m., 2 × 1 m. ts les 2 rgs.

❷ **Encolure :** rabattre les 5 m. au centre, puis 2 × 1 m. de chaque côté ts les 2 rgs.

### Dos

Comme **devant**, MAIS à 2 cm de HT, pour la **fente**, scinder l'ouvrage en deux (= 1 × 12 m. & 1 × 13 m.). Terminer chaque partie séparément.

**Pour le demi-dos droit (= 13 m.) :** à partir du 2e rg du *jacquard*, pour l'**emmanchure**, rabattre À DROITE (= en début de rg sur l'end. du trav.) : 1 × 2 m., 2 × 1 m. ts les 2 rgs (= 9 m.). À 6 cm de HT, pour l'**encolure**, rabattre À GAUCHE (= en début de rg sur l'env. du trav.) : 1 × 3 m., 2 × 1 m. ts les 2 rgs. Puis rabattre souplement les 4 m. restantes pour l'**épaule**. Couper le fil.

**Pour le demi-dos gauche (= 12 m.) :** comme pour le **demi-dos droit**, MAIS en vis-à-vis, soit rabattre À GAUCHE (= en début de rg sur l'env. du trav.) pour l'**emmanchure** et À DROITE (= en début de rg sur l'end. du trav.) pour l'**encolure** par : 1 × 3 m. et 1 × 1 m. ts les 2 rgs. Puis rabattre souplement les 4 m. restantes pour l'**épaule**. Couper le fil.

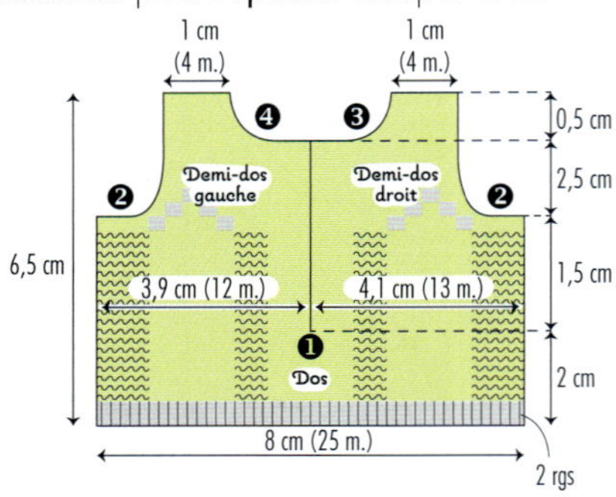


- ❶ **Fente :** scinder en deux ainsi : 1 × 12 m. (demi-dos gauche), 1 × 13 m. (demi-dos droit).
- ❷ **Emmanchure :** rabattre côté externe 1 × 2 m., 2 × 1 m. ts les 2 rgs.
- ❸ **Encolure demi-dos droit :** rabattre À GAUCHE 1 × 3 m., 2 × 1 m. ts les 2 rgs.
- ❹ **Encolure demi-dos gauche :** rabattre À DROITE 1 × 3 m., 1 × 1 m. ts les 2 rgs.

### Manches (× 2)

Avec les aig. n°3 et le col. Gris souris, monter 16 m. Tricoter 2 rgs en *côtes 1/1*. Continuer avec le col. Fougère en répartissant les m. ainsi : *4 m. en *jersey end.*, 2 m. au *pt mousse env.* ; répéter depuis* et terminer par 4 m. en *jersey end.*

Pour le **biais**, après 6 rgs depuis les *côtes 1/1*, *augmenter* 1 × 1 m. de chaque côté (= 18 m.). À 2 cm de HT, pour l'**arrondi d'épaule**, rabattre de chaque côté : 1 × 2 m., 3 × 1 m. ts les 2 rgs.

Rabattre souplement les 8 m. restantes. Couper le fil.

Tricoter une **autre manche** identique.

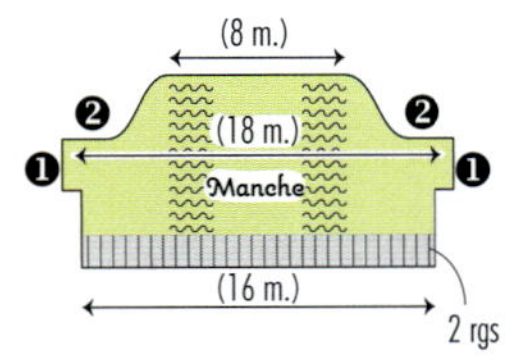


- ❶ Au rg 7 (après les côtes 1/1), *augmenter* 1 × 1 m.
- ❷ **Arrondi épaule :** rabattre 1 × 2 m., 3 × 1 m. ts les 2 rgs.

### Assemblage et finitions

Coudre les épaules. Monter les manches aux emmanchures, puis assembler le dessous des manches et les côtés du dos et du devant à petits pts invisibles (voir assemblage p. 10).

### Boutonnière

Avec le crochet n°2,5 et le col. Fougère, en commençant en haut de l'encolure du **demi-dos gauche**, crocheter 1 *mc.*, 5 *ma.* et 1 *mc.* Arrêter la m. et couper le fil. Coudre le bouton en vis-à-vis.

### Demi-cols (× 2)

Avec les aig. n°3 et le col. Fougère, en commençant au milieu du devant, relever régulièrement 18 m. jusqu'au bord de la **fente**. Tricoter 6 rgs en *côtes 1/1* en col. Fougère et 1 rg en col. Gris souris, avant de rabattre souplement ttes les m. Couper le fil.

Faire l'autre **demi-col** en vis-à-vis.

Replier les demi-cols à mi-hauteur vers l'extérieur et les fixer par 1 petit pt aux angles.

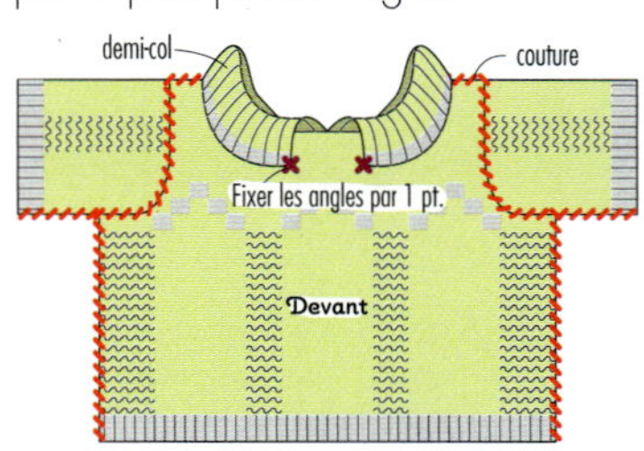


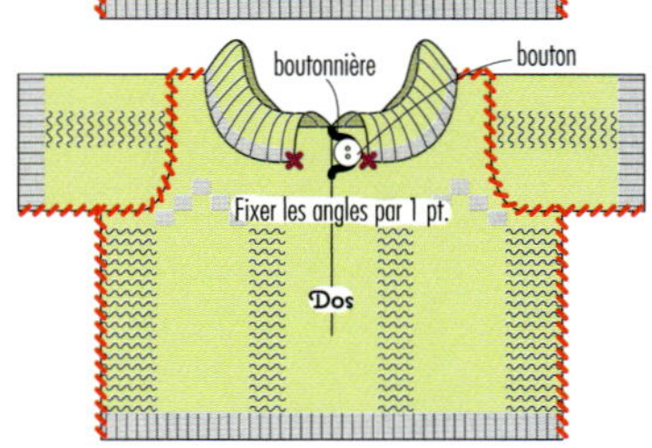

## Pantalon

Il se commence par le bas de la jambe.

### Jambes (× 2)

Avec les aig. n°3 et le col. Gris souris, monter 25 m.
Tricoter 2 rgs en *côtes 1/1*, puis continuer en *jersey end.*
À 3 cm de HT, pour le **biais**, *augmenter* de chaque côté : 1 × 1 m. (= 27 m.).
À 5 cm de HT, pour l'**entrejambe**, rabattre de chaque côté : 1 × 2 m. (= 23 m). Laisser les m. en attente.
Tricoter une **autre jambe** identique.

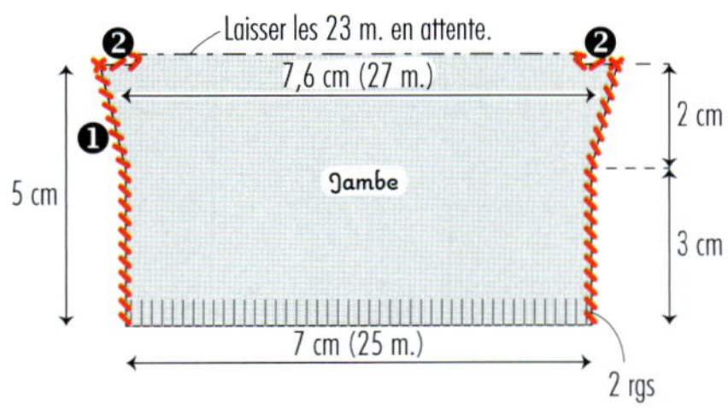


couture

❶ **Biais :** *augmenter* 1 × 1 m.

❷ **Entrejambe :** rabattre 1 × 2 m.

### Haut du pantalon

Réunir les 2 jambes sur une même aig. (= 46 m.).
Tricoter 6 rgs en *jersey end.*, puis 2 rgs en *côtes 1/1*.
Rabattre souplement ttes les m. Couper le fil.

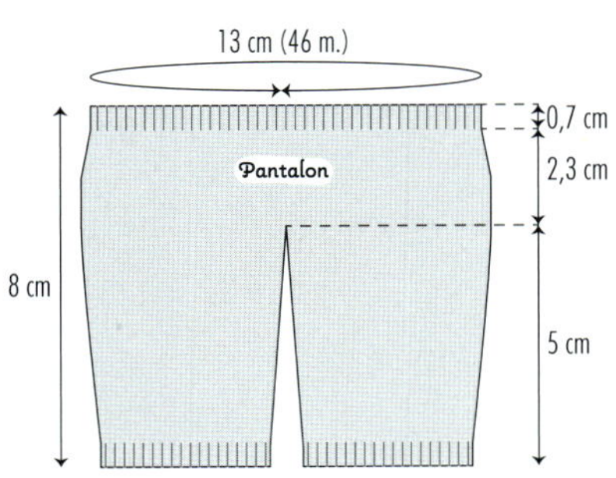


### Assemblage et finitions

Coudre les côtés des jambes à petits pts invisibles (voir assemblage p. 10).
Coudre le dos du pantalon.

## Chaussures (× 2)

### Semelle

Avec les aig. n°3 et le col. Gris souris, monter 4 m.
Tricoter au *pt mousse end.* SIMULTANÉMENT, *augmenter* de chaque côté : 1 × 1 m. (6 m.).
**Rg suiv. :** faire 1 *aug.* au milieu du rg (= 7 m.).
Tricoter 10 rgs.
**Rg suiv. :** faire 1 *dim.* au milieu du rg (= 6 m.).
**Rg suiv. :** faire 1 *dim.* à chaque extrémité (= 4 m.).
**Rg suiv. :** rabattre souplement ttes les m. Couper le fil.

### Tige

Avec les aig. n°3 et le col. Fougère, monter 30 m.
**Rg suiv. (= end. du trav.) :** 8 *m. end.*, *1 *SS*, 1 *m. end.**, au total, répéter 5 fs depuis*, 7 *m. end.* (25 m.).
**Rg suiv. (= env. du trav.) :** 5 *m. env.*, *1 *SS env.*, 1 *m. env.**, au total, répéter 5 fs depuis*, 5 *m. env.* (= 20 m.).
**Rg suiv. :** en *côtes 1/1*.
**Rg suiv. :** rabattre souplement ttes les m. Couper le fil.

### Assemblage et finitions

Rentrer les fils. Coudre l'arrière de la tige. Réunir la semelle et la tige au *pt avant* et en faisant dépasser la semelle.
(voir assemblage p. 10).
Tricoter une **seconde chaussure** identique.

# Avril

## Fournitures

### Pour la robe

- 1 pelote qualité Festive, coloris Violet orange (Bergère de France, réf: 10649)
- un peu de qualité Calinou, coloris Betterave (Bergère de France, réf: 10054)
- 1 bouton orange (Ø: 0,6 cm)
- Aiguilles à tricoter n°3
- Crochet n°3

### Pour le petit sac bandoulière

- un peu de qualité Idéal, coloris Canari (Bergère de France, réf: 10757)
- un peu de qualité Calinou, coloris Betterave (Bergère de France, réf: 10054)
- Crochet n°3

### Pour les chausssures

- 1 pelote qualité Festive, coloris Violet orange (Bergère de France, réf: 10649)
- un peu de qualité Calinou, coloris Betterave (Bergère de France, réf: 10054)
- Aiguilles à tricoter n°3

## Points utilisés

### Au tricot

*maille endroit, maille envers, jeté, diminution, augmentation, point mousse, jersey endroit, côtes 1/1* : voir glossaire p. 7.

*surjet simple envers* : glisser 1 m. env., 1 m. env., passer la m. glissée par-dessus la m. tricotée.

*maille lisière* : **en début de rg** : passer la première m. du tricot sur l'aiguille sans la tricoter ; **en fin de rg** : tricoter la m. normalement.

*point de bourse* :
**Rg 1 (= end. du trav.)** : 1 m. lis., *1 jeté, 1 dim. env. ; répéter depuis*, terminer par 1 m. lis.
**Rg 2** : comme rg 1.
Répéter toujours ces 2 rgs.

### Au crochet

*maille air, maille coulée, maille serrée, augmentation* : voir glossaire p. 5.

## Réalisation

### Robe

#### Devant

Avec les aig. n°3 et le col. Violet/orange, monter 22 m.
Tricoter au *pt de bourse*.
À 5,5 cm de HT, pour les **raglans**, rabattre de chaque côté : 1 × 2 m., 5 × 1 m. ts les 2 rgs (= 8 m.).
Puis rabattre souplement ttes les m. Couper le fil.

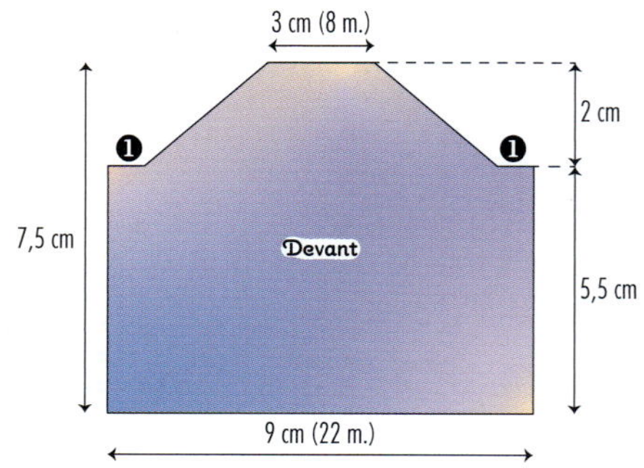


❶ **Raglans** : rabattre 1 × 2 m., 5 × 1 m. ts les 2 rgs.

#### Dos

Avec les aig. n°3 et le col. Violet/orange, monter 22 m.
Tricoter au *pt de bourse*.
À 3,5 cm de HT, pour la **fente**, scinder l'ouvrage en deux (= 2 × 11 m.). Terminer chaque partie séparément.
**Pour le demi-devant droit** : à 5,5 cm de HT, pour le **raglan**, rabattre À DROITE (= en début de rg sur l'end. du trav.) : 1 × 2 m., 5 × 1 m. ts les 2 rgs (= 4 m.). Puis pour l'**encolure**, rabattre À GAUCHE (= en début de rg sur l'env. du trav.) : 1 × 4 m. Couper le fil.
**Pour le demi-devant gauche** : comme **demi-devant droit**, MAIS en vis-à-vis (= rabattre À GAUCHE pour le **raglan** et À DROITE pour l'**encolure**).

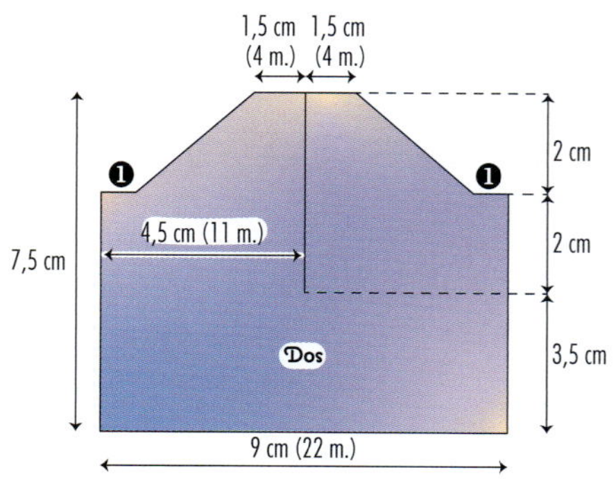


❶ **Raglans** : rabattre 1 × 2 m., 5 × 1 m. ts les 2 rgs.

### Manches (× 2)

Avec les aig. n°3 et le col. Violet/orange, monter 16 m.
Tricoter 2 rgs en *jersey end.*
**Rg suiv.:** *augmenter* 1 m. à chaque extrémité (= 18 m.).
Tricoter 2 rgs en *jersey end.*
**Rg suiv.:** pour les **raglans**, rabattre de chaque côté : 1 × 2 m., 4 × 1 m. ts les 2 rgs (= 6 m.). Puis rabattre souplement ttes les m. Couper le fil.
Tricoter une **autre manche** identique.

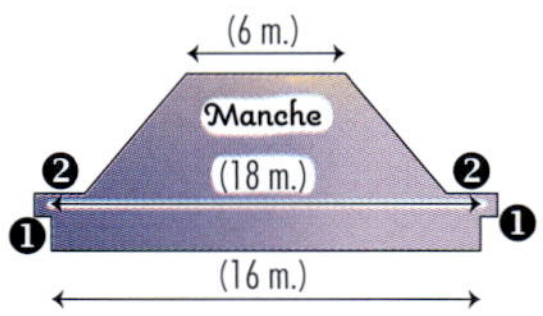


❶ *Augmenter* 1 × 1 m.
❷ **Raglans :** rabattre 1 × 2 m., 4 × 1 m. ts les 2 rgs.

### Décoration

Avec le crochet n°3, faire des *franges* (constituées de 2 brins de 6 cm) sur le poutour du bas de la robe.
Égaliser les franges à la longueur voulue.

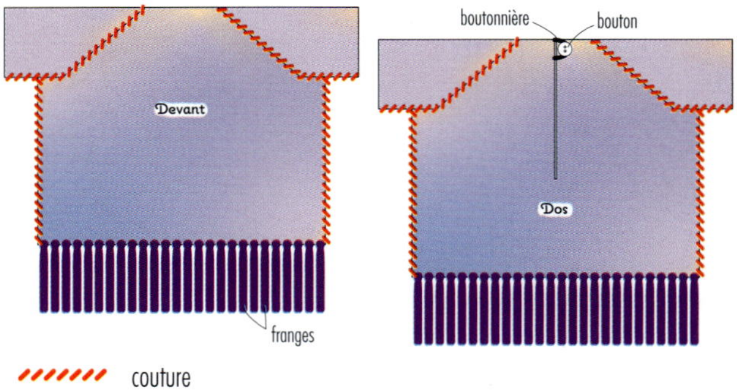


### Assemblage et finitions

Coudre les raglans, le dessous des manches, et les bords latéraux du devant et du dos à petits pts invisibles (voir assemblage p. 10).

### Boutonnière

Avec le crochet n°3 et le col. Betterave, en commençant en haut de l'encolure du demi-devant gauche, crocheter 1 *mc.*, 5 *ma.* et 1 *mc.* Arrêter la m. et couper le fil.
Coudre le bouton en vis-à-vis.

### Franges

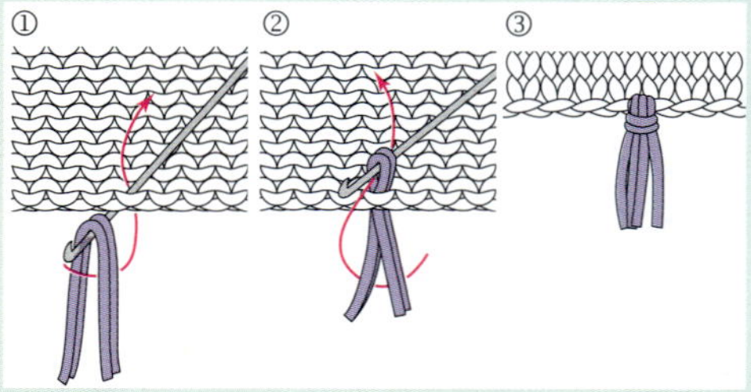


**Étape 1 :** préparer autant de brins que nécessaire pour la frange.
Sur l'envers de l'ouvrage, piquer le crochet dans la maille souhaitée et ramener les brins à travers cette maille.
**Étape 2 :** avec le crochet passer tous les brins à travers la boucle (voir flèche).
**Étape 3 :** sur l'endroit de l'ouvrage, une frange est maintenant réalisée.

## Petit sac bandoulière

### Ronds (× 2)

Avec le crochet n°3 et le col. Canari, commencer dans un rond de 3 *ma.* fermé par 1 *mc.*

*NOTE :* ts les T. se commencent par 1 *ma.* (ne compte pas comme 1 m.) et se ferment par 1 *mc.* (non précisé par la suite).

**T1 :** 6 *ms.* (= 6 m.).

**T2 :** 6 *aug.* (= 12 m.).

**T3 :** répéter 6 fs *1 *aug.*, 1 *ms.** (= 18 m.).

Arrêter la m. et couper le fil.

Crocheter un **autre rond** identique.

### Bandoulière

Avec le crochet n°3 et le col. Canari, faire une chaînette de 68 *ma.*, puis avec le col. Betterave, revenir le long de la chaînette par autant de *mc.* Arrêter la m. et couper le fil.

### Assemblage et finitions

Superposer les ronds, env. contre env., et coudre la bandoulière sur les côtés des ronds à petits pts invisibles, en veillant à laisser une ouverture de 2 cm sur le haut (= ouverture du sac). Rentrer les fils.

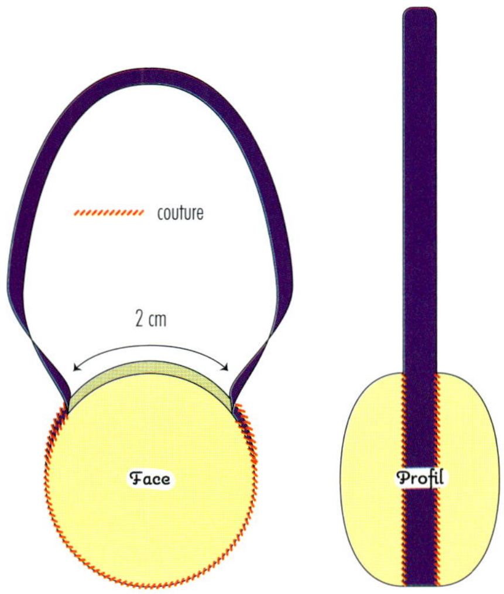


## Chaussures (× 2)

### Semelle

Avec les aig. n°3 et le col. Betterave, monter 4 m.

Tricoter au *pt mousse.* SIMULTANÉMENT, *augmenter* de chaque côté : 1 × 1 m. (6 m.).

**Rg suiv. :** faire 1 *aug.* au milieu du rg (= 7 m.).

Tricoter 10 rgs.

**Rg suiv. :** faire 1 *dim.* au milieu du rg (= 6 m.).

**Rg suiv. :** faire 1 *dim.* à chaque extrémité (= 4 m.).

**Rg suiv. :** rabattre souplement ttes les m. Couper le fil.

### Tige

Avec les aig. n°3 et le col. Betterave, monter 30 m.

**Rg suiv. (= end. du trav.) :** 8 *m. end.*, *1 *dim.*, 1 *m. end.**, au total, répéter 5 fs depuis*, 7 *m. end.* (= 25 m.).

**Rg suiv. (= env. du trav.) :** 5 *m. env.*, *1 *dim. env.*, 1 *m. env.**, au total, répéter 5 fs depuis*, 5 *m. env.* (= 20 m.)

**Rg suiv. :** avec le col. Violet/orange, en *jersey end.*

**Rg suiv. :** rabattre souplement ttes les m. Couper le fil.

### Assemblage et finitions

Rentrer les fils. Coudre l'arrière de la tige. Réunir la semelle et la tige au *pt avant* et en faisant dépasser la semelle. (voir assemblage p. 10).

Tricoter une **seconde chaussure** identique.

# Mai

## Fournitures

### Pour la veste à manches courtes

- 1 pelote qualité Calinou, coloris Dragée (Bergère de France, réf : 10026)
- un peu de qualité Calinou, coloris Lait (Bergère de France, réf : 10028)
- 1 bouton-pression (Ø : 0,7 cm)
- Aiguilles à tricoter n°3
- Crochet n°2,5

### Pour la jupe

- un peu de qualité Calinou, coloris Dragée (Bergère de France, réf : 10026)
- Aiguilles à tricoter n°3

### Pour les chaussures

- 1 pelote qualité Calinou, coloris Dragée (Bergère de France, réf : 10026)
- un peu de qualité Calinou, coloris Lait (Bergère de France, réf : 10028)
- Aiguilles à tricoter n°3

### Pour le nœud (cheveux)

- un peu de qualité Calinou, coloris Lait (Bergère de France, réf : 10028)
- 6 petites fleurs nacrées
- Crochet n°2,5

## Points utilisés

### Au tricot

*maille endroit, maille envers, jeté, augmentation, diminution, surjet simple, point mousse, jersey endroit, côtes 1/1 :* voir glossaire p. 7.

*maille lisière :* voir mois d'avril p. 34.

### Au crochet

*maille air, maille coulée, point écrevisse :* voir glossaire p. 5.

## Réalisation

### Veste manches courtes

#### Corps

*Note :* il se tricote d'une seule pièce.

Avec les aig. n°3 et le col. Dragée, monter 50 m.

Tricoter 2 rgs en *jersey end.*

**R3 (= end. du trav., ligne de pliure) :** 1 *m. lis.*, *1 *jeté*, 1 *SS* ; répéter depuis*, terminer par 1 *m. lis.*

**R4 (= env. du trav.) :** à l'env. (y compris les jetés).

**R5 à R12 :** en *jersey end.*

**R13 (= end. du trav.) :** 11 m. en *jersey end.* (= **demi-dos droit**), rabattre 4 m. (= aisselle), tricoter 20 m. en *jersey end.* (= **devant**), rabattre 4 m. (= aisselle), terminer par 11 m. en *jersey end.* (= **demi-dos gauche**).

Continuer chaque partie séparément.

**Pour le demi-dos gauche :** pour l'**emmanchure**, rabattre à gauche (= en début de rg sur l'env. du trav.) : 2 × 1 m. ts les 2 rgs. Simultanément, pour l'**encolure**, rabattre à droite (= en début de rg sur l'end. du trav.) : 1 × 3 m., 1 × 2 m., 1 × 1 m. ts les 2 rgs.

Pour l'**épaule**, rabattre les 3 m. restantes.

**Pour le devant :** pour les **emmanchures**, rabattre de chaque côté : 2 × 1 m. ts les 2 rgs (= 16 m.).

Tricoter 4 rgs en *jersey end.* Pour l'**encolure**, rabattre les 8 m. centrales. Terminer chaque partie séparément, en rabattant côté encolure : 1 × 1 m. Pour l'**épaule**, rabattre les 3 m. restantes. Tricoter l'**autre épaule** en vis-à-vis.

**Pour le demi-dos droit :** comme **demi-dos gauche**, mais en vis-à-vis (= rabattre à droite pour l'**emmanchure** et à gauche pour l'**encolure**). Couper le fil.

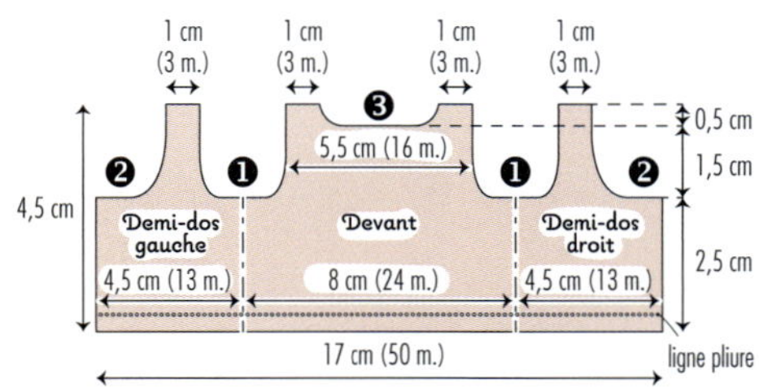


❶ **Aisselles :** rabattre 4 m.
**Emmanchures :** rabattre 2 × 1 m. ts les 2 rgs.

❷ **Encolure demi-devants :** rabattre 1 × 3 m., 1 × 2 m., 1 × 1 m. ts les 2 rgs.

❸ **Encolure dos :** rabattre les 8 m. au centre, puis 1 × 1 m. de chaque côté.

### Manches (× 2)

Avec les aig. n°3 et le col. Dragée, monter 18 m.
Tricoter 2 rgs en *jersey end.*
**R3 (= end. du trav., ligne de pliure) :** 1 *m. lis.*, *1 jeté, 1 *SS* ; répéter depuis*, terminer par 1 *m. lis.*
**R4 (= env. du trav.) :** à l'env. (y compris les jetés).
Tricoter 2 rgs en *jersey end.*
À 2 cm de HT, pour l'**arrondi d'épaule**, rabattre de chaque côté : 1 × 2 m., puis *diminuer* 4 × 1 m. ts les 2 rgs.
Rabattre les 6 m. restantes.
Tricoter une **autre manche** identique.

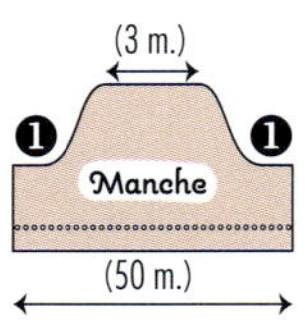


❶ **Arrondi épaule :** rabattre 1 × 2 m., puis 4 × 1 *dim.* ts les 2 rgs.

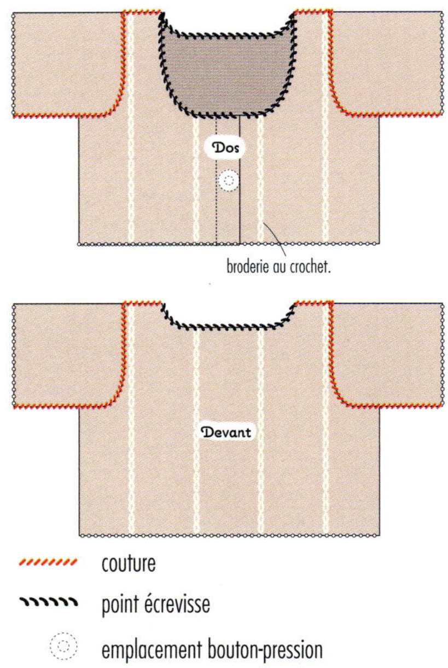


### Assemblage et finitions

Rentrer les fils.

#### Ourlets

Replier le bas du corps et des manches vers l'intérieur, en suivant la ligne de pliure (= **ourlet à picots**).
Coudre en place avec des petits pts avant.

#### Broderie au crochet

Avec le crochet n°2,5 et le col. Lait, crocheter des lignes verticales de *mc.* en les espaçant de 1 picot sur 2 de l'ourlet du bas du corps.

Coudre les épaules. Monter les manches aux emmanchures, puis coudre le dessous des manches, à petits pts invisibles (voir assemblage p. 10).
Avec le crochet n°2,5 et le col. Dragée, faire 1 rg au *pt écrevisse* le long de l'encolure et des épaules.
Coudre la première partie du bouton-pression sur l'env., au milieu du demi-devant droit et l'autre partie en vis-à-vis sur l'extérieur du demi-devant gauche.

## Jupe

*NOTE :* elle se tricote d'une seule pièce.
Avec les aig. n°3 et le col. Dragée, monter 44 m.
Tricoter 5 cm en *côtes 1/1*. Rabattre souplement ttes les m.
Couper le fil.

Assembler les bords latéraux à petits pts invisibles.
Rouler le haut du bord vers l'extérieur, et le maintenir en place à petits pts.

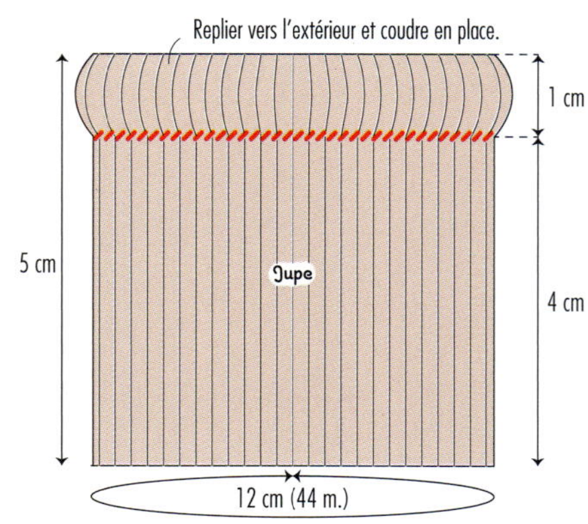

## Nœud (cheveux)

Avec le crochet n°2,5 et le col. Lait, faire une chaînette de 60 *ma*. Revenir par autant de *mc*. Arrêter la m. Coudre les fleurs à chaque extrémité, tt en rentrant les fils.

## Chaussures (× 2)

### Semelle

Avec les aig. n°3 et le col. Dragée, monter 4 m.
Tricoter en *pt mousse*. Simultanément, *augmenter* de chaque côté : 1 × 1 m. (6 m.).
**Rg suiv. :** faire 1 *aug.* au milieu du rg (= 7 m.).
Tricoter 10 rgs.
**Rg suiv. :** faire 1 *dim.* au milieu du rg (= 6 m.).
**Rg suiv. :** faire 1 *dim.* à chaque extrémité (= 4 m.).
**Rg suiv. :** rabattre souplement ttes les m. Couper le fil.

### Tige

Avec les aig. n°3 et le col. Dragée, monter 26 m.
Tricoter 2 rgs en *jersey end.*
**R suiv. (= end. du trav.) :** *7 m. end.*, *1 *dim.*, 1 *m. end.* ; au total, répéter 4 fs depuis*, terminer par *7 m. end.* (= 22 m.).
**R suiv. (= env. du trav.) :** à l'env.
**R suiv. :** *5 m. end.*, *1 *dim.*, 1 *m. end.* ; au total, répéter 4 fs depuis*, terminer par *5 m. end.* (= 18 m.).
**R suiv. :** à l'env.
**R suiv. (= end. du trav.) :** à l'end. avec le col. Lait.
**R suiv. :** rabattre souplement ttes les m.

## Assemblage et finitions

Rentrer les fils. Coudre l'arrière de la tige. Réunir la semelle et la tige au *pt avant* et en faisant dépasser la semelle. (voir assemblage p. 10).
Tricoter une **seconde chaussure** identique.

# Juin

## Fournitures

### Pour le pull cache-cœur

- 1 pelote qualité Calinou, coloris Lait (Bergère de France, réf: 10028)
- un peu de qualité Calinou, coloris Lac (Bergère de France, réf: 10056)
- 1 bouton-pression (Ø: 0,7 cm)
- 25 cm de ruban blanc de 0,4 cm
- Aiguilles à tricoter n°3
- Crochet n°2,5

### Pour le short

- un peu de qualité Calinou, coloris Lac (Bergère de France, réf: 10056)
- un peu de qualité Calinou, coloris Lait (Bergère de France, réf: 10028)
- Aiguilles à tricoter n°3

### Pour les chausssures

- un peu de qualité Calinou, coloris Lac (Bergère de France, réf: 10056)
- un peu de qualité Calinou, coloris Lait (Bergère de France, réf: 10028)
- 2 petites fleurs
- Aiguilles à tricoter n°3
- Crochet n°2,5

## Points utilisés

### Au tricot

*maille endroit, maille envers, augmentation, diminution, diminution à « N » mailles du bord, surjet simple, point mousse, jersey endroit, côtes 1/1* : voir glossaire p. 7.

### Au crochet

*maille coulée*: voir glossaire p. 5.

## Réalisation

### Pull cache-cœur

#### Dos

Avec les aig. n°3 et le col. Lait, monter 22 m.
Tricoter 2 rgs en *côtes 1/1*, puis 6 rgs en *jersey end.*
À 2 cm de HT, pour les **emmanchures**, rabattre de chaque côté : 1 × 2 m., 2 × 1 m. ts les 2 rgs (= 14 m.).
À 3,5 cm, pour l'**encolure**, rabattre les 8 m. centrales.
Terminer chaque partie séparément. À 5 cm de HT (après 2 rgs supplémentaires) pour l'**épaule**, rabattre les 3 m. restantes. Tricoter l'**autre épaule** en vis-à-vis.
Couper le fil.

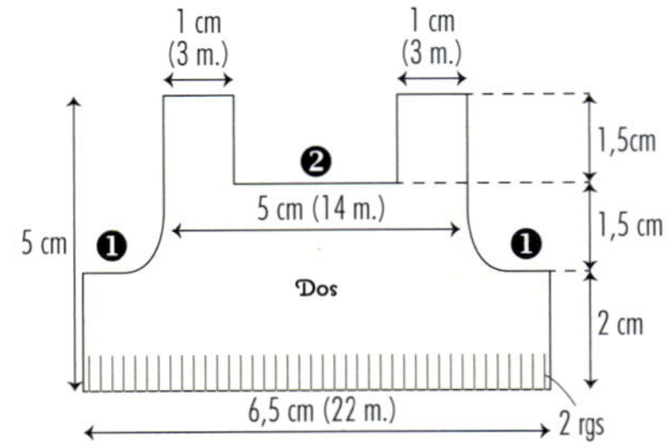


❶ **Emmanchures** : rabattre 1 × 2 m., 2 × 1 m. ts les 2 rgs.
❷ **Encolure** : rabattre 1 × 8 m. au centre.

#### Demi-devant gauche

Avec les aig. n°3 et le col. Lait, monter 22 m.
Tricoter 2 rgs en *côtes 1/1*. Continuer en *jersey. end.*
DANS LE MÊME TEMPS (soit depuis le début des *côtes 1/1*), pour l'**encolure**, *diminuer à 2 m. du bord* GAUCHE (= en fin de rg sur l'end. du trav.) : 15 × 1 *dim.* ts les rgs.
À 2 cm de HT, pour l'**emmanchure**, rabattre À DROITE (= en début de rg sur l'end. du trav.) : 1 × 2 m., 2 × 1 m. ts les 2 rgs.
À 5 cm de HT, pour l'**épaule**, rabattre souplement les 3 m. restantes. Couper le fil.

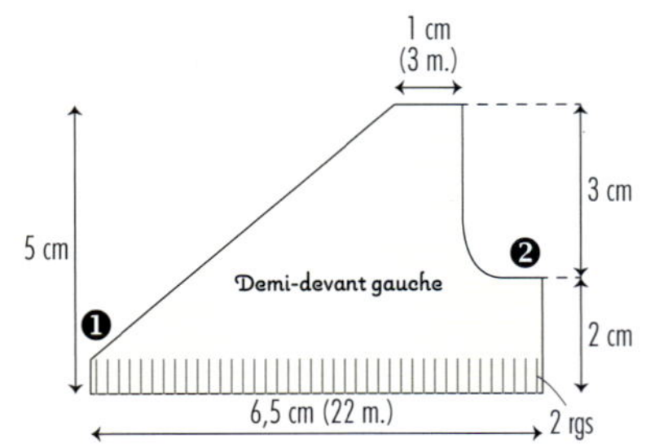


❶ **Encolure** : rabattre À GAUCHE : 15 × 1 m. ts les rgs.
❷ **Emmanchure** : rabattre À DROITE : 1 × 2 m., 2 × 1 m. ts les 2 rgs.

OUESSANT
CANCALE
LA CÔTE D'ÉMERAUDE
ST. LOUIS

## Demi-devant droit

Comme **demi-devant gauche**, MAIS en vis-à-vis (= *diminuer à 2 m. du bord* DROIT pour l'**encolure** et rabattre À GAUCHE (= en début de rg sur l'env. du trav.) pour l'**emmanchure**).

## Manches (× 2)

Avec les aig. n°3 et le col. Lait, monter 18 m. Tricoter 2 rgs en *côtes 1/1*. Continuer en *jersey end.* par 1 rg avec le col. Lait et 1 rg avec le col. Lac. Terminer avec le col. Lait ainsi :
**Rg suiv. :** faire 1 *aug.* à chaque extrémité (= 20 m.).
À 2,5 cm de HT, pour l'**arrondi d'épaule** : rabattre de chaque côté : 1 × 2 m., 4 × 1 m. ts les 2 rgs.
Puis rabattre souplement les 8 m. restantes. Couper le fil.
Tricoter une **autre manche** identique.

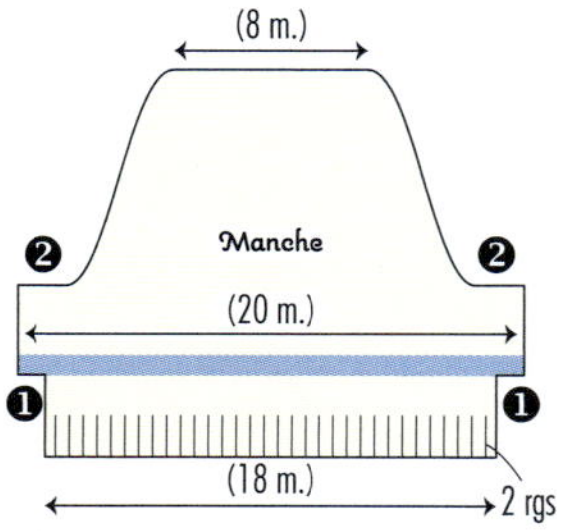


❶ Au rg 5 (depuis le montage), *augmenter* 1 × 1 m.
❷ **Arrondi épaule :** rabattre 1 × 2 m., 4 × 1 m. ts les 2 rgs.

## Assemblage et finitions

Coudre les épaules. Monter les manches aux emmanchures, puis le dessous des manches, et les bords latéraux des demi-devants et du dos à petits pts invisibles (voir assemblage p. 10).

## Broderie au crochet

Avec le crochet n°2,5 et le col. Lac, crocheter une ligne de *mc.* le long de l'encolure, en partant du bas du demi-devant gauche et en terminant en bas du demi-devant droit. Arrêter la m. et couper le fil.

Fixer la première partie du bouton-pression à l'extrémité du demi-devant droit (côté externe) et l'autre partie en vis-à-vis du demi-devant gauche (côté interne).

Couper le ruban de 25 cm en 2 morceaux (= **liens** de 12,5 cm) et les coudre à petits pts : le premier à l'extrémité du demi-devant gauche, et l'autre sur le bord latéral du demi-devant droit.

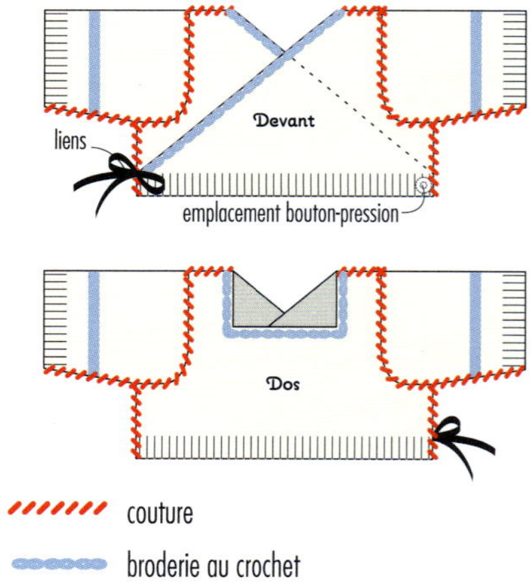

## Short

*Note :* il se commence par le bas des jambes.

### Jambes (× 2)

Avec les aig. n°3 et le col. Lac, monter 28 m.
**R1 :** en *côtes 1/1*.
**R2 (= env. du trav.) :** à l'env.
**R3 (= end. du trav.) :** à l'end. avec le col. Lait.
**R4 :** avec le col. Lac, à l'env., TT en faisant 1 *dim. env.* à chaque extrémité & 1 *dim. env.* au centre (= 25 m.).
**R5 :** en *jersey end.*
**R6 :** pour l'**entrejambe**, rabattre de chaque côté : 1 × 2 m. (= 21 m).
Les laisser en attente.
Tricoter une **autre jambe** identique.

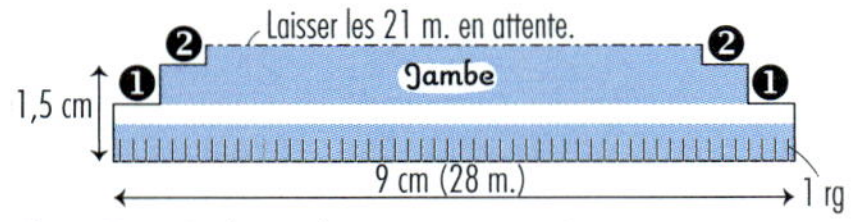


❶ Faire 1 *dim.* à chaque extrémité & au centre.
❷ **Entrejambe :** rabattre 1 × 2 m. à chaque extrémité.

### Haut du short

Réunir les 2 jambes sur la même aig. (= 42 m.)
Tricoter 8 rgs en *jersey end.*, puis 2 rgs en *côtes 1/1* avant de rabattre souplement ttes les m. Couper le fil.

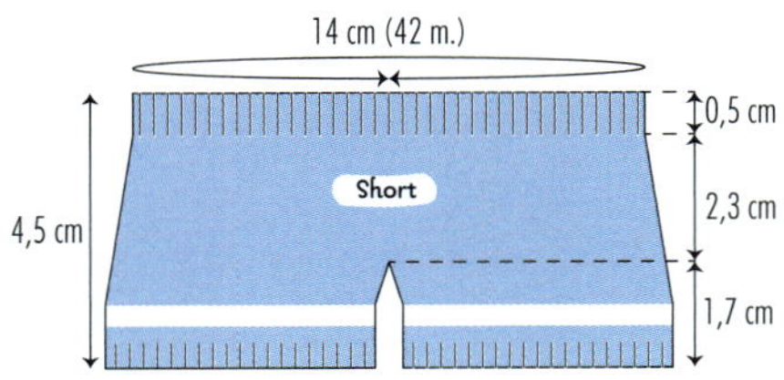


### Assemblage et finitions

Coudre les côtés des jambes à petits pts invisibles (voir assemblage p. 10).
Coudre le dos du short.

## Chaussures (× 2)

### Base

Avec les aig. n°3 et le col. Lac, monter 9 m.
Tricoter 6 cm au *pt mousse* et rabattre souplement ttes les m.
Couper le fil.

### Assemblage et finitions

Coudre les m. du montage avec celles du dernier rg pour fermer.

### Broderie au crochet

Avec le crochet n°2,5 et le col. Lait, crocheter des *mc.* sur le poutour de la chaussure et fixer une fleur.
Réaliser une **seconde chaussure** identique.

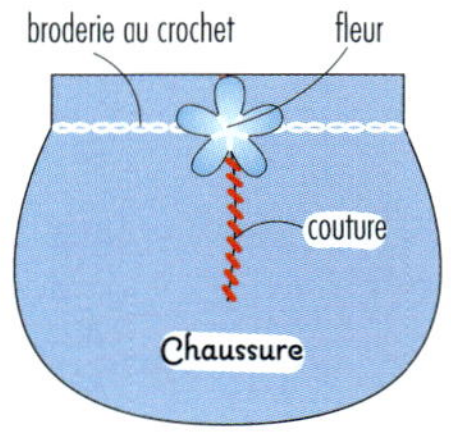

# Juillet

## Fournitures

### Pour le pull manches longues

- 1 pelote qualité 100 % Coton Bio, coloris Marin (Bergère de France, réf: 10676)
- 1 bouton-pression (Ø: 0,7 cm)
- Aiguilles à tricoter n°3

### Pour la jupe à bretelles

- 1 pelote qualité Coton Fifty, coloris Anis (Bergère de France, réf: 10441) ou 1 pelote qualité 100 % Coton Bio, coloris Safran (Bergère de France, réf: 10662)
- 3 boutons boules effet nacre, coloris Marine (Ø: 0,9 cm, Bergère de France, réf: 50360)
- Aiguilles à tricoter n°3
- Crochet n°3

### Pour les chausssures

- un peu de qualité 100 % Coton Bio, coloris Marin (Bergère de France, réf: 10676)
- 1 bouton-pression (Ø: 0,7 cm)
- 2 petites fleurs nacrées
- Aiguilles à tricoter n°3

### Pour le bandeau

- un peu de qualité Coton Fifty, coloris Anis (Bergère de France, réf: 10441) ou 1 pelote qualité 100 % Coton Bio, coloris Safran (Bergère de France, réf: 10662)
- Aiguilles à tricoter n°3

## Points utilisés

### Au tricot

*maille endroit, maille envers, diminution, surjet simple, point mousse, jersey endroit, côtes 2/2 :* voir glossaire p. 7.

*point de riz :*
**R1 :** alterner 1 m. end. et 1 m. env. ;
**R2 & suiv. :** contrarier les m., soit tricoter 1 m. env. sur les m. end. et 1 m. end. sur les m. env.

### Au crochet

*maille air, maille coulée, maille serrée, augmentation, point écrevisse :* voir glossaire p. 5.

## Réalisation

### Pull manches longues

*Note :* il se tricote en une seule pièce en commençant par le bas du devant.

### Corps

Pour le **dos**, avec les aig. n°3 et le col. Marin, monter 24 m. Tricoter au *pt mousse*.
Après 6 rgs, pour le **début des manches**, tricoter ainsi :
**R7 :** monter 5 m. en fin de rg (= 29 m.).
**R8 :** monter 5 m. en fin de rg.
**R9 :** à l'end. sur les 34 m.
Tricoter 9 rgs.
**R19 (= end. du trav.) :** pour l'**encolure du dos**, rabattre les 8 m. centrales. Poursuivre chaque partie séparément (= 2 × 13 m.).
**Pour le demi-devant gauche :** tricoter 12 rgs.
**R suiv. (sur l'env. du trav.) :** pour l'**encolure**, monter À GAUCHE (= en fin de rg) : 1 × 4 m. (= 17 m.). Tricoter 10 rgs.
**R suiv., sur l'end. du trav. :** pour la **fin de la manche**, rabattre À DROITE (= en début de rg) : 1 × 5 m. (= 12 m.).
Tricoter encore 6 rgs avant de rabattre souplement ttes les m.
**Pour le demi-devant droit :** reprendre les m. en attente et tricoter comme le **demi-devant gauche**, MAIS en vis-à-vis (= monter À DROITE pour l'**encolure**, et rabattre À GAUCHE pour la **fin de la manche**). Couper le fil.

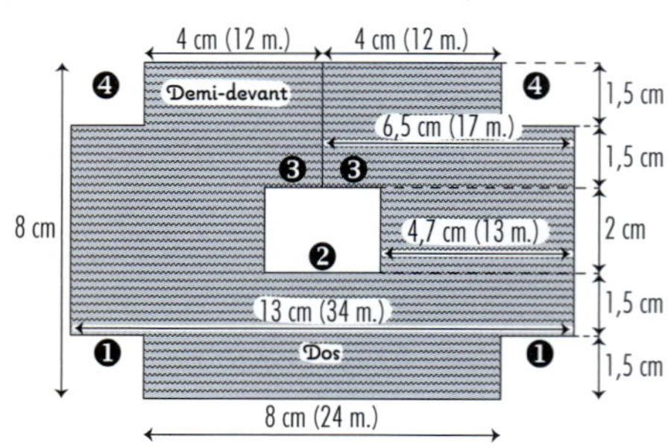


❶ **Début manches :** monter 1 × 5 m. à chaque extrémité.
❷ **Encolure dos :** rabattre 1 × 8 m. au centre.
❸ **Encolure demi-devants :** monter 1 × 4 m.
❹ **Fin manches :** rabattre 1 × 5 m. côté externe.

### Assemblage et finitions

Coudre le dessous des manches et les bords latéraux des demi-dos et du devant à petits pts invisibles (voir assemblage p. 10).

Avec le crochet n°3 et le col. Marin, faire un tour au *pt écrevisse* sur le pourtour de l'encolure. Arrêter la m.

Coudre la première partie du bouton-pression en haut du demi-devant droit (côté interne) et l'autre partie en vis-à-vis sur le demi-devant gauche (côté externe).

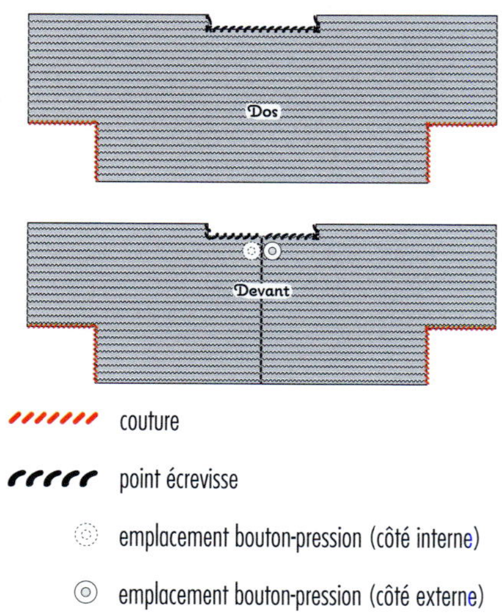


## Jupe à bretelles

Attention, l'ouverture se fait sur le devant.

### Base

*Note :* elle se tricote d'une seule pièce en partant du bas.
Avec les aig. n°3 et le col. Anis, monter 58 m.
Tricoter 2 rgs en côtes 2/2. Terminer en *jersey end.*
Pour le **biais**, **R5 (depuis le montage, end. du trav.) :** 10 m. en *jersey end.*, 1 *SS*, 4 m. en *jersey end.*, 1 *dim.T*, 22 m. en *jersey end.*, 1 *SS*, 4 m. en *jersey end.*, 1 *dim.T*, 10 m. en *jersey end.* (= 54 m.).
**R suiv. (= env. du trav.) :** à l'env.
**R suiv. :** 9 m. en *jersey end.*, 1 *SS*, 4 m. en *jersey end.*, 1 *dim.T*, 20 m. en *jersey end.*, 1 *SS*, 4 m. en *jersey end.*, 1 *dim.T*, 9 m. en *jersey end.* (= 50 m.).
**R suiv. :** à l'env.
**R suiv. :** 8 m. en *jersey end.*, 1 *SS*, 4 m. en *jersey end.*, 1 *dim.T*, 18 m. en *jersey end.*, 1 *SS*, 4 m. en *jersey end.*, 1 *dim.T*, 8 m. en *jersey end.* (= 46 m.).
**R suiv. :** à l'env.
**R suiv. :** 7 m. en *jersey end.*, 1 *SS*, 4 m. en *jersey end.*, 1 *dim.T*, 16 m. en *jersey end.*, 1 *SS*, 4 m. en *jersey end.*, 1 *dim.T*, 7 m. en *jersey end.* (= 42 m.).
Tricoter encore 3 rgs en *jersey end.*, puis 2 rgs en *côtes 2/2* avant de rabattre souplement les m. EN CONSERVANT LA DERNIÈRE M.

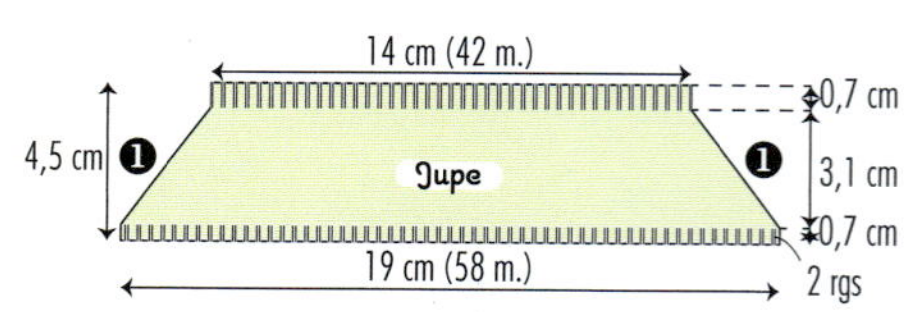


❶ **Biais :** répartir 4 × 4 dim. ts les 2 rgs.

### Assemblage et finitions

#### Bande de boutonnage

Avec le crochet n°3 et le col. Anis, reprendre la dernière m. de la base de la jupe et crocheter sur le bord latéral ainsi : *5 *ma.*, 1 *ms.* ; répéter 3 fs depuis*. Arrêter la m.
Coudre les boutons en vis-à-vis.

### Bretelles (× 2)
Avec le crochet n°3 et le col. Anis, (en piquant sur les 2 *m. end.*) en partant du début du demi-devant gauche, crocheter 2 *ms.*, puis : *2 *ma.* pour tourner le trav., 1 *ms.* sur la dernière *ms.* du rg précédent ; répéter depuis* sur 7 cm.
Arrêter la m. et couper le fil.
Coudre l'extrémité de cette bretelle sur l'arrière de la jupe.
Réaliser l'**autre bretelle** de manière symétrique sur l'autre demi-devant.

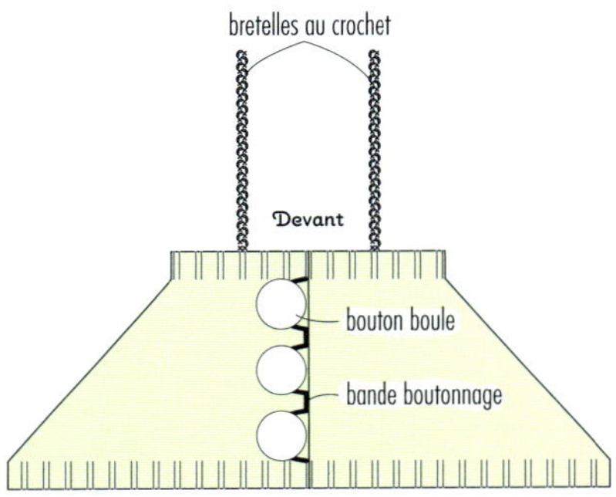


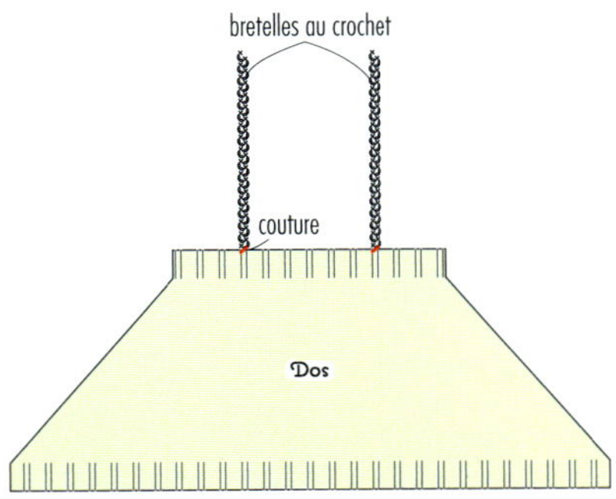


## Bandeau
Avec les aig. n°3 et le fil Anis, monter 5 m.
Tricoter 20 cm au *pt de riz* avant de rabattre souplement ttes les m. Couper le fil.

Assembler les bords par des petits pts avant.

## Chaussures au crochet (× 2)
Avec le crochet n°2,5 et le col. Marin, commencer dans un rond de 3 *ma.* fermé par 1 *mc.*
*Note* : ts les T se commencent par 1 *ma.* (ne compte pas comme 1 m.) et se ferment par 1 *mc.* (non précisé par la suite).
**T1 :** 6 *ms.* (= 6 m.).
**T2 :** 6 *aug.* (= 12 m.).
**T3 :** répéter 4 fs *2 *ms.*, 1 *aug.** (= 16 m.).
**T4 & T5 :** en *ms.* (= 16 m.).
Puis, pour la **tige**, continuer en aller-retour ainsi :
**R6 :** 10 *ms.* (= 10 m.)
**R7 :** tourner le trav., 10 *ms.*
**R8 :** tourner le trav., 10 *ms.*
**R9 :** tourner le trav., 10 *ms.*
*Note* : la tige du pied est à présent terminée.
Pour la **lanière**, 8 *ma.*, crocheter les 10 *ms.* de la tige (en partant de l'opposé), 7 *mc.* sur les *ma.* et terminer par 1 *mc.* sur la 1re *ms.* de la tige.
Arrêter la m. et couper le fil.
Coudre la fleur sur la lanière.
Crocheter une **autre chaussure** identique.

# Août

## Fournitures

### Pour la robe

- 1 pelote qualité 100 % Coton Bio, coloris Noir (Bergère de France, réf: 10681)
- un peu de qualité Calinou, coloris Grenadine (Bergère de France, réf.: 10050)
- un peu de qualité Calinou, coloris Terre (Bergère de France, réf.: 10052)
- un peu de qualité Idéal, coloris Fougère (Bergère de France, réf.: 10758)
- 2 boutons-pression (Ø: 0,7 cm)
- Aiguilles à tricoter n°3
- Crochet n°3

### Pour les chaussures

- un peu qualité Calinou, coloris Grenadine (Bergère de France, réf.: 10050)
- Aiguilles à tricoter n°3

### Pour le bandeau

- un peu de qualité Calinou, coloris Grenadine (Bergère de France, réf.: 10050)
- Aiguilles à tricoter n°3

## Points utilisés

### Au tricot

*maille endroit, maille envers, augmentation, diminution, surjet simple, point mousse, jersey endroit, côtes 2/2*: voir glossaire p. 7.

*point de blé*:
**R1**: alterner 1 m. end. et 1 m. env.;
**R2**: comme les m. se présentent;
**R3**: contrarier les m., soit tricoter 1 m. env. sur les m. end. et 1 m. end. sur les m. env.;
**R4**: comme R2.
Répéter toujours ces 4 rgs.

### Au crochet

*maille air, maille coulée, maille serrée, augmentation, demi-bride, bride*: voir glossaire p. 5.

### En broderie

*passé plat, point chaînette*: voir glossaire p. 9.

## Réalisation

### Robe

#### Corps

NOTE: elle se tricote d'une seule pièce.

Avec les aig. n°3 et le col. Noir, monter 60 m.
Tricoter 2 rgs en *côtes 2/2*. Continuer en *jersey end.*
Pour le **biais**, après 2 rgs de *jersey end.*, diminuer ainsi:
**R suiv.**: 11 m. en *jersey end.*, 1 *SS*, 4 m. en *jersey end.*, 1 *dim.T*, 22 m. en *jersey end.*, 1 *SS*, 4 m. en *jersey end.*, 1 *dim.T*, 11 m. en *jersey end.* (= 56 m.).
**R suiv. (= env. du trav.)**: à l'env.
**R suiv.**: 10 m. en *jersey end.*, 1 *SS*, 4 m. en *jersey end.*, 1 *dim.T*, 20 m. en *jersey end.*, 1 *SS*, 4 m. en *jersey end.*, 1 *dim.T*, 10 m. en *jersey end.* (= 52 m.).
**R suiv.**: à l'env.
**R suiv.**: 9 m. en *jersey end.*, 1 *SS*, 4 m. en *jersey end.*, 1 *dim.T*, 18 m. en *jersey end.*, 1 *SS*, 4 m. en *jersey end.*, 1 *dim.T*, 9 m. en *jersey end.* (= 48 m.).
**R suiv.**: à l'env.
**R suiv.**: 8 m. en *jersey end.*, 1 *SS*, 4 m. en *jersey end.*, 1 *dim.T*, 16 m. en *jersey end.*, 1 *SS*, 4 m. en *jersey end.*, 1 *dim.T*, 8 m. en *jersey end.* (= 44 m.).
**R suiv.**: à l'env.
**R suiv.**: 7 m. en *jersey end.*, 1 *SS*, 4 m. en *jersey end.*, 1 *dim.T*, 14 m. en *jersey end.*, 1 *SS*, 4 m. en *jersey end.*, 1 *dim.T*, 7 m. en *jersey end.* (= 40 m.).
**R suiv.**: à l'env.
**R suiv.**: 6 m. en *jersey end.*, 1 *SS*, 4 m. en *jersey end.*, 1 *dim.T*, 12 m. en *jersey end.*, 1 *SS*, 4 m. en *jersey end.*, 1 *dim.T*, 6 m. en *jersey end.* (= 36 m.).
Tricoter 3 rgs en *jersey end.*
**R suiv.**: 5 m. en *jersey end.*, 1 *SS*, 4 m. en *jersey end.*, 1 *dim.T*, 10 m. en *jersey end.*, 1 *SS*, 4 m. en *jersey end.*, 1 *dim.T*, 5 m. en *jersey end.* (= 32 m.).

.../...

Tricoter encore 5 rgs en *jersey end.* et 2 rgs en *côtes 2/2*.
Puis pour le **haut du devant**, poursuivre ainsi :
**R suiv. :** rabattre 12 m., tricoter 8 m. selon la répartition des m. (dernière m. rabattue incluse), rabattre 12 m.
Tricoter encore 2 rgs en *côtes 2/2*, en commençant et en terminant le 1er rg par 1 m. env. (sur les 8 m. restantes).
Rabattre souplement les m. EN CONSERVANT LA DERNIÈRE M.

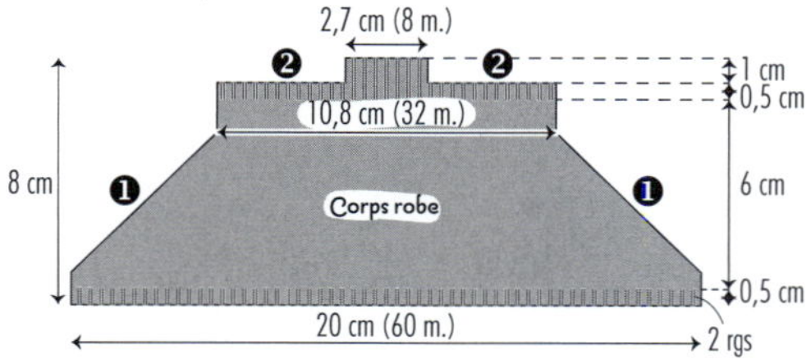


❶ **Biais :** répartir 6 × 4 dim. ts les 2 rgs, 1 × 4 dim. 4 rgs plus haut.
❷ Rabattre 12 m., tricoter 8 m., rabattre 12 m.

## Tour de cou

Avec le crochet n°3, reprendre la dernière m., crocheter 2 *ma.*, tourner le trav., 1 *ms.* sur la *m. env.* des *côtes 2/2*, puis *2 *ma.*, 1 *ms.* ; répéter depuis* pendant 7,5 cm.
Arrêter la m. et couper le fil.

## Assemblage et finitions

### Cerises (× 2)

Avec le crochet n°3 et le col. Grenadine, commencer dans un rond de 3 *ma.* fermé par 1 *mc.*
NOTE : ts les T se commencent par 1 *ma.* (ne compte pas comme 1 m.) et se ferment par 1 *mc.* (non précisé par la suite).
**T1 :** 6 *ms.* (= 6 m.).
**T2 :** 6 *aug.* (= 12 m.).
Arrêter la m. et couper le fil.
Crocheter une **autre cerise** identique.

### Feuille

Avec le crochet n°3 et le col. Fougère, commencer sur une chaînette de 9 *ma.*, puis revenir le long de la chaînette ainsi : 1 *mc.* (dans la 2e *ma.* en partant du crochet), 2 *ms.*, 1 *demi-br.*, 2 *br.*, 1 *demi-br.* et 1 *mc.*
Arrêter la m. et couper le fil.

*Diagramme feuille*

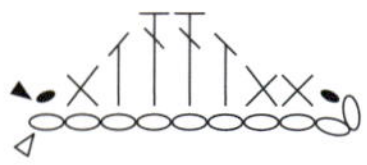

◄ fin
◁ début
○ *1 maille air :* 1 jeté, écouler la boucle sur le crochet.
• *1 maille coulée :* piquer le crochet dans 1 m., 1 jeté et écouler ttes les boucles sur le crochet.
× *1 maille serrée :* piquer le crochet dans 1 m., 1 jeté à travers la m., 1 jeté, écouler ttes les boucles sur le crochet.
T *1 demi-bride :* 1 jeté avant de piquer le crochet dans 1 m., 1 jeté à travers la m., 1 jeté et écouler ttes les boucles sur le crochet.
Ŧ *1 bride :* 1 jeté avant de piquer le crochet dans 1 m., 1 jeté à travers la m., puis répéter *1 jeté, écouler 2 boucles*.

Coudre les cerises et la feuille sur le devant de la robe à petits pts invisibles.
Avec le col. Terre, broder des tiges au *pt de chaînette* et ajouter quelques pts au *passé plat* à l'extrémité.
Assembler les bords latéraux du bas de la robe par des petits pts invisibles en laissant une ouverture de 3 cm sur le bord supérieur (voir assemblage p. 10).
Coudre la première partie d'un bouton-pression sur le bord supérieur gauche du haut du devant de la robe (côté interne) et l'autre partie en vis-à-vis du tour de cou.
Coudre l'autre bouton-pression en haut de l'ouverture du dos.

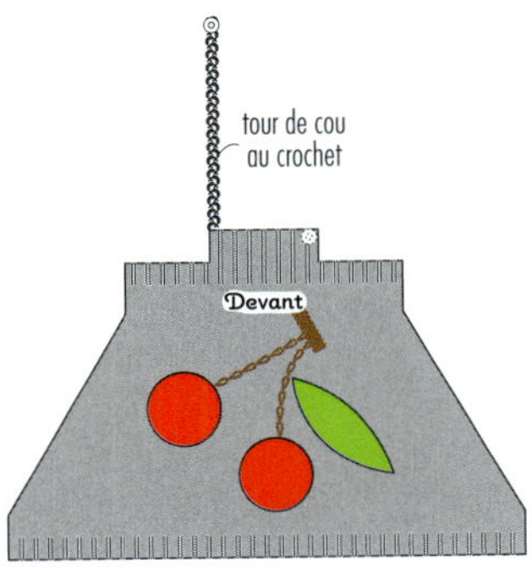


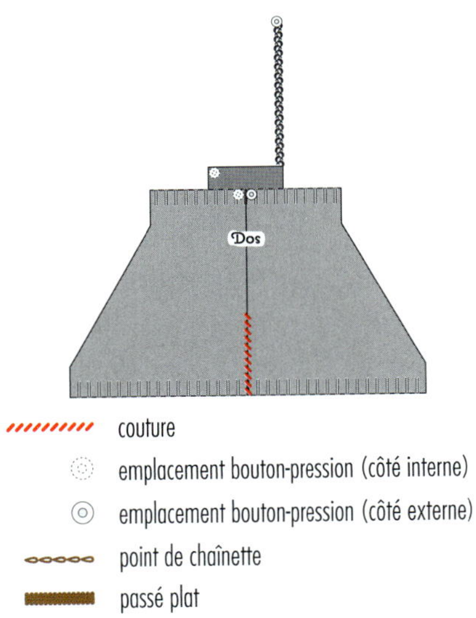


## Bandeau

Avec les aig. n°3 et le col. Grenadine, monter 6 m.
Tricoter au *pt de blé* pendant 38 cm avant de rabattre souplement ttes les m. Couper le fil.
Fixer le bandeau sur la tête par un double nœud.

## Chaussures (× 2)

### Semelle

Avec les aig. n°3 et le col. Grenadine, monter 4 m.
Tricoter au *pt mousse*. SIMULTANÉMENT, *augmenter* de chaque côté : 1 × 1 m. (6 m.).
Tricoter 10 rgs.
**Rg suiv. :** faire 1 *dim.* à chaque extrémité (= 4 m.).
**Rg suiv. :** rabattre souplement ttes les m. Couper le fil.

### Tige

Avec les aig. n°3 et le col. Grenadine, monter 30 m.
Tricoter 1 rg env.
**R suiv. (= end. du trav.) :** 8 m. end., *1 *dim.*, 1 m. end. ; au total, répéter 5 fs depuis*, terminer par 7 m. end. (= 25 m.).
**R suiv. (= env. du trav.) :** 5 m. env., *1 *dim. env.*, 1 m. env. ; au total, répéter 5 fs depuis*, terminer par 5 m. env. (= 20 m.).
**R suiv. :** rabattre souplement ttes les m. Couper le fil.

### Assemblage et finitions

Rentrer les fils. Coudre l'arrière de la tige. Réunir la semelle et la tige au *pt avant* et en faisant dépasser la semelle. (voir assemblage p. 10).
Tricoter une **seconde chaussure** identique.

# Septembre

## Fournitures

### Pour le pull

- 1 pelote qualité Angel 50, coloris Lichen (Bergère de France, réf : 20052)
- un peu de qualité Métalika, coloris Météorite (Bergère de France, réf. : 23858)
- 1 bouton-pression (Ø : 0,7 cm)
- Aiguilles à tricoter n°3
- Crochet n°2,5

### Pour le bloomer

- 1 pelote qualité Coton à tricoter, en coloris Froment (Bergère de France, réf. : 22415)
- un peu de qualité Métalika, coloris Météorite (Bergère de France, réf. : 23858)
- Aiguilles à tricoter n°3

### Pour les chaussures

- un peu de qualité Coton à tricoter, coloris Froment (Bergère de France, réf. : 22415)
- un peu de qualité Métalika, coloris Météorite (Bergère de France, réf. : 23858)
- un peu de qualité Angel 50, coloris Lichen (Bergère de France, réf : 20052)
- Aiguilles à tricoter n°3

## Points utilisés

### Au tricot

*maille endroit, maille envers, augmentation, diminution, surjet simple, point mousse, jersey endroit, côtes 1/1 :* voir glossaire p. 7.

*point de damier 2/2 :*
**R1 (= end. du trav.) :** *2 m. end., 2 m. env. ; répéter depuis* ;
**R2 :** comme les m. se présentent ;
**R3 :** *2 m. env., 2 m. end. ; répéter depuis* ;
**R4 :** comme R2. Répéter toujours ces 4 rgs.

### Au crochet

*maille air, maille coulée, maille serrée :* voir glossaire p. 5.

*picot :* crocheter 1 ms., 3 ma., puis 1 mc. piquée dans la ms.

### En broderie

*point de feston, point de tige :* voir glossaire p. 9.

## Réalisation

### Pull

#### Devant

Avec les aig. n°3 et le col. Lichen, monter 32 m. Tricoter au *pt de damier*.
À 5 cm de HT, pour les **emmanchures**, rabattre de chaque coté : 1 × 3 m., 3 × 1 m. ts les 2 rgs.
Simultanément, lors de la 3e dim., pour l'**encolure**, rabattre les 8 m. centrales. Continuer chaque partie séparément, en rabattant côté encolure : 1 × 1 m.
Pour l'**épaule**, rabattre souplement les 5 m. restantes.
Tricoter l'**autre épaule** en vis-à-vis. Couper le fil.

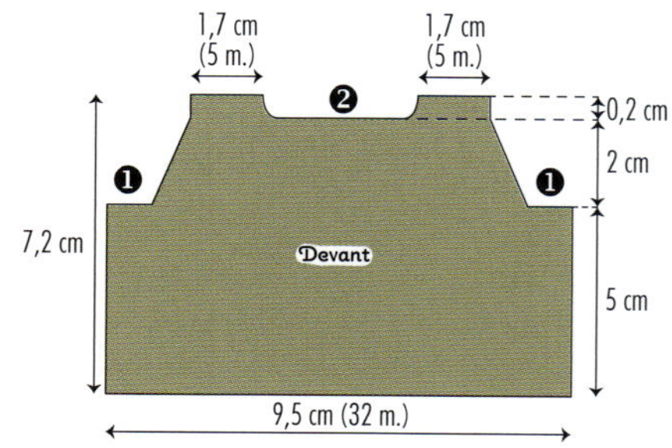


❶ **Emmanchures :** rabattre 1 × 3 m., 3 × 1 m. ts les 2 rgs.
❷ **Encolure :** rabattre les 8 m. au centre, puis 1 × 1 m. de chaque côté.

#### Dos

Avec les aig. n°3 et le col. Lichen, monter 32 m. Tricoter au *pt de damier*.
À 2 cm de HT, sur l'end. du trav., pour la **fente** scinder l'ouvrage en deux (= 2 × 16 m.).
Continuer chaque partie séparément.
**Pour le demi-dos gauche :** à 5 cm de HT, pour l'**emmanchure**, rabattre à gauche (= en début de rg sur l'env. du trav.) : 1 × 3 m., 3 × 1 m. ts les 2 rgs.
Simultanément, lors de la 3e diminution, pour l'**encolure**, rabattre à droite (= en début de rg sur l'end. du trav.) : 1 × 4 m.
Puis, pour l'**épaule**, rabattre souplement les 5 m. restantes.
Couper le fil.

.../...

**Pour le demi-dos droit :** comme pour le **demi-dos gauche**, MAIS en vis-à-vis, soit rabattre À DROITE (= en début de rg sur l'end. du trav.) pour l'**emmanchure** et À GAUCHE (= en début de rg sur l'env. du trav.) pour l'**encolure**. Couper le fil.

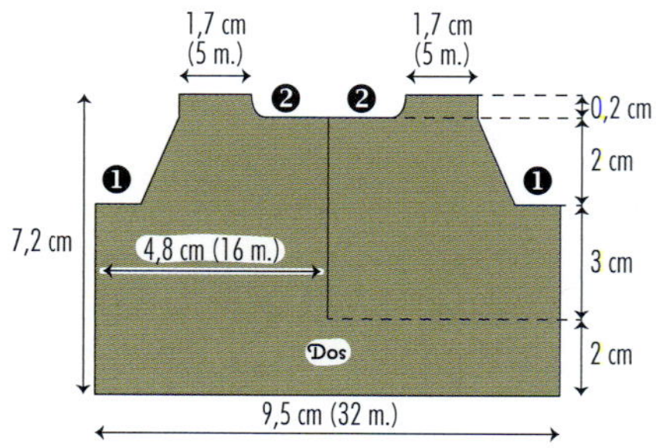


❶ **Emmanchures :** rabattre 1 × 3 m., 3 × 1 m. ts les 2 rgs.

❷ **Encolure demi-dos :** rabattre 1 × 4 m., puis 1 × 1 m. côté encolure.

## Manches 3/4 (× 2)

Avec les aig. n°3 et le col. Lichen, monter 16 m.
Tricoter 2 rgs en *côtes 1/1*. Terminer en *jersey end.*
SIMULTANÉMENT, lors du **R1**, répartir régulièrement *7 aug.* (= 23 m.).
Tricoter 2 rgs.
Pour le **biais**, *augmenter* de chaque côté : 2 × 1 m. ts les 2 rgs (= 27 m.).
À 2 cm de HT, pour l'**arrondi d'épaule**, rabattre de chaque côté : 1 × 3 m., 1 × 2 m., 1 × 5 m. ts les 2 rgs.
Puis rabattre souplement les 7 m. restantes. Couper le fil.
Tricoter une **autre manche** identique.

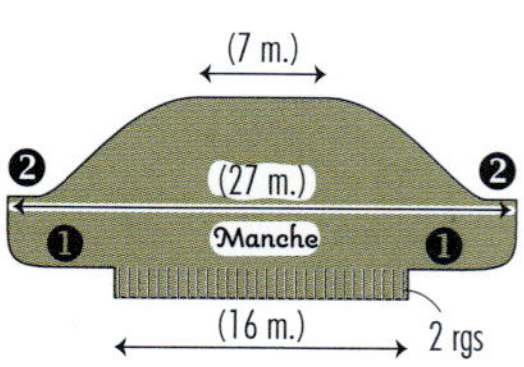


❶ **Biais :** répartir 7 *aug.*, puis 2 × 1 *aug.* de chaque côté ts les 2 rgs.

❷ **Arrondi épaule :** rabattre 1 × 3 m., puis 1 × 1 m., 1 × 5 m. ts les 2 rgs.

## Assemblage et finitions

Coudre les épaules. Monter les manches aux emmanchures, puis le dessous des manches, et les bords latéraux des demi-dos et du devant à petits pts invisibles (voir assemblage p. 10).

Coudre le bouton-pression en haut de la fente du dos.

## Broderies

Avec le col. Météorite :

- broder le bord des manches au *pt de feston.*
- broder le **cœur** au *pt de tige* (contour et remplissage) sur le devant du pull.

*Dessin cœur (en taille réelle)*

## Col

Avec le crochet n°2,5 et le col. Lichen : *3 *ms.*, 1 *picot* ; répéter depuis* sur le pourtour de l'encolure. Arrêter la m. et couper le fil.

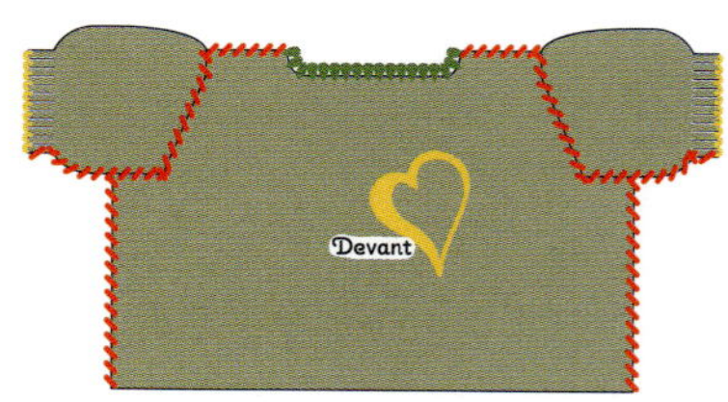


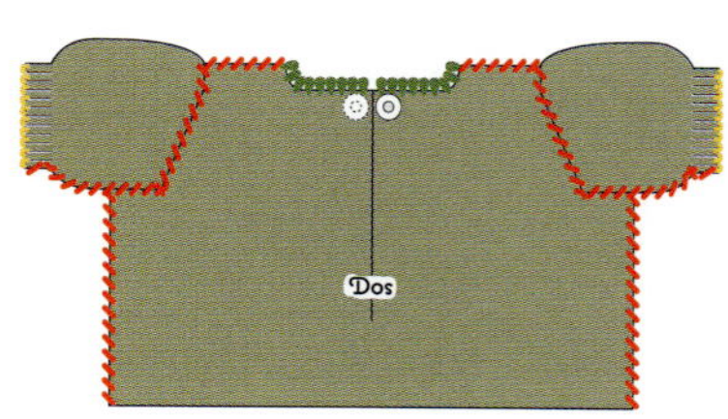


couture
emplacement bouton-pression (côté interne)
emplacement bouton-pression (côté externe)
point de feston
picot

## Bloomer

*Note :* il se tricote avec un fil de chaque coloris pris ens. (non précisé par la suite), en commençant par le bas des jambes.

### Jambes (× 2)

Avec les aig. n°3, monter 15 m.
**R1 & R2 :** en *côtes 1/1*.
**R3 (= end. du trav.) :** en *jersey end.*, TT en répartissant 7 *aug.* (= 22 m.).
**R4 à R6 :** en *jersey end.*
**R7 (= env. du trav.) :** faire 1 *aug.* de chaque côté & 1 *aug.* au centre (= 25 m.).
**R8 :** en *jersey end.*
Puis, pour l'**entrejambe**, rabattre de chaque côté : 1 × 2 m. (= 21 m.).
Les laisser en attente.
Tricoter une **autre jambe** identique.

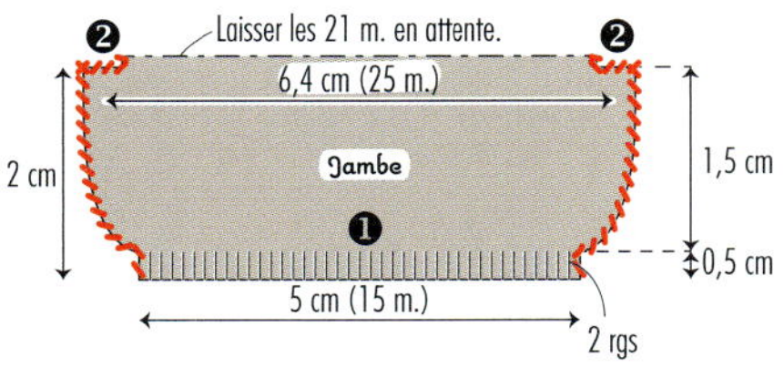


❶ **Biais :** R1 (du jersey end.) : répartir 7 aug.
R4 : *augmenter* de chaque côté : 1 × 1 m.
& 1 × 1 m. au centre.

❷ **Entrejambe :** rabattre de chaque côté : 1 × 2 m.

### Haut du bloomer

Réunir les m. des 2 jambes sur la même aig. (= 42 m.).
Tricoter 10 rgs en *jersey end.*, puis 2 rgs en *côtes 1/1* avant de rabattre souplement ttes les m. Couper le fil.

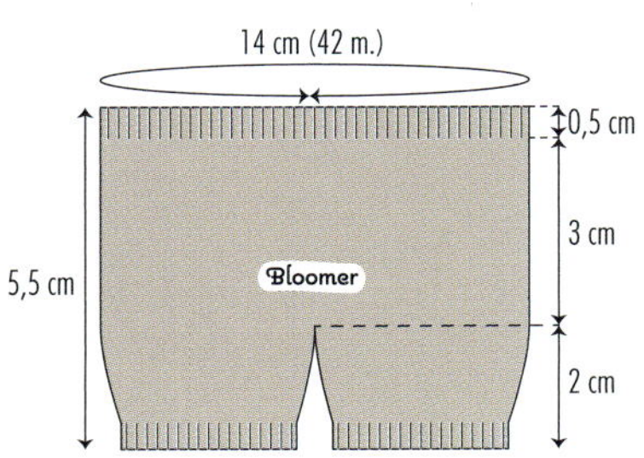


### Assemblage et finitions

Coudre les côtés des jambes à petits pts invisibles (voir assemblage p. 10).
Coudre le dos du bloomer.

## Chaussures (× 2)

### Semelle

Avec les aig. n°3 et 1 fil Froment & 1 fil Météorite pris ens., monter 4 m. Tricoter au *pt mousse*.
Simultanément, *augmenter* de chaque côté : 1 × 1 m. (6 m.).
**Rg suiv. :** faire 1 *aug.* au milieu du rg (= 7 m.).
Tricoter 10 rgs.
**Rg suiv. :** faire 1 *dim.* au milieu du rg (= 6 m.).
**Rg suiv. :** faire 1 *dim.* à chaque extrémité (= 4 m.).
**Rg suiv. :** rabattre souplement ttes les m. Couper le fil.

### Tige

Avec les aig. n°3 et le col. Lichen, monter 32 m.
Tricoter 2 rgs en *jersey end.*
**R suiv. (= end. du trav.) :** 9 *m. end.*, *1 *SS*, 1 *m. end.* ; au total, répéter 5 fs depuis*, terminer par 8 *m. end.* (= 27 m.).
**R suiv. (= env. du trav.) :** à l'env.
**R suiv. :** 6 *m. end.*, *1 *SS*, 1 *m. end.* ; au total, répéter 5 fs depuis*, terminer par 6 *m. end.* (= 22 m.).
**R suiv. :** à l'env.
**R suiv. (= end. du trav.) :** rabattre souplement ttes les m. à l'end. avec le col. Météorite.
Couper le fil.

### Assemblage et finitions

Rentrer les fils. Coudre l'arrière de la tige. Réunir la semelle et la tige au *pt avant* et en faisant dépasser la semelle. (voir assemblage p. 10).
Tricoter une **seconde chaussure** identique.

*Note :* bien remonter les manches et le bas du bloomer sur Cerise pour accentuer le côté « ballon » de la tenue.

# Octobre

## Fournitures

### Pour le pull

- 1 pelote qualité Angel 50, coloris Grenadine (Bergère de France, réf: 20018)
- un peu de qualité Angel 50, coloris Paille (Bergère de France, réf. : 20055)
- 1 bouton orange (Ø: 0,6 cm)
- Aiguilles à tricoter n°3 et n°5
- Crochet n°2,5

### Pour le pantacourt

- 1 pelote qualité 100 % Coton Bio, coloris Noir (Bergère de France, réf. : 10681)
- 6 petites étoiles bronze (Ø: 0,4 cm)
- 30 cm de ruban bleu marine de 3 cm
- Aiguilles à tricoter n°3

### Pour les chaussures

- un peu de qualité Angel 50, coloris Grenadine (Bergère de France, réf: 20018)
- un peu de qualité Angel 50, coloris Paille (Bergère de France, réf. : 20055)
- Aiguilles à tricoter n°3

## Points utilisés

### Au tricot

*maille endroit, maille envers, augmentation, diminution, point mousse, jersey endroit, côtes 2/2* : voir glossaire p. 7.

### Au crochet

*maille air, maille coulée* : voir glossaire p. 5.

## Réalisation

### Pull

*Note* : malgré un nombre de m. moins important qu'au rg de montage et qu'au dernier rg, le devant et le dos sont plus larges à mi-hauteur.

#### Devant

Avec les aig. n°3 et le col. Grenadine, monter 32 m.
Tricoter 3 rgs en *côtes 2/2*.
**R suiv. (= env. du trav.) :** en *jersey end.*, en répartissant 4 *dim. env.* (= 28 m.).
Attention pour la suite, continuer en *jersey end.* mais en tricotant ts les rgs sur l'end. du trav. avec les aig. n°3 et ts les rgs sur l'env. du trav. avec les aig. n°5.
Après 3 rgs en *jersey end.*, pour les **rayures**, répartir les col. ainsi : 1 rg avec le col. Paille, *2 rgs avec le col. Grenadine, 1 rg avec le col. Paille ; au total, répéter 2 fs depuis*.
Terminer avec le col. Grenadine.
À 3,5 cm de HT, sur l'end. du trav., terminer avec les aig. n°3 tt en répartissant 4 *aug.* (= 32 m.).
**R suiv. :** à l'env.
Tricoter 2 rgs en *côtes 2/2*.
**R suiv. :** rabattre souplement ttes les m.
Couper le fil.

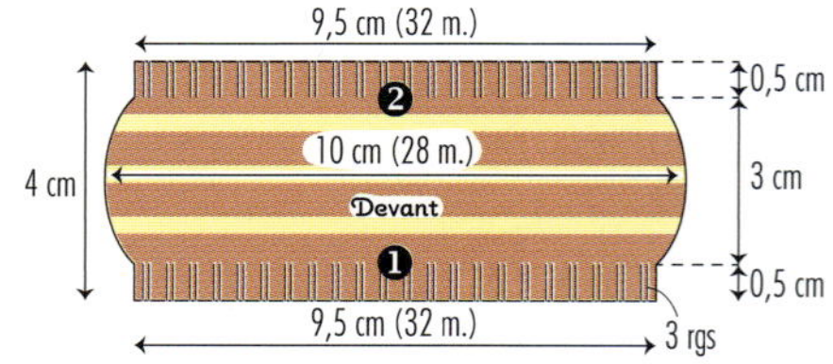


❶ Répartir 4 *dim.*
❷ Répartir 4 *aug.*

#### Dos

Avec les aig. n°3 et le col. Grenadine, monter 32 m.
Tricoter 3 rgs en *côtes 2/2*.
**R suiv. (= env. du trav.) :** en *jersey end.*, en répartissant 4 *dim. env.* (= 28 m.).
Attention pour la suite, continuer en *jersey end.* mais en tricotant ts les rgs sur l'end. du trav. avec les aig. n°3 et ts les rgs sur l'env. du trav. avec les aig. n°5.
À 1,5 cm de HT, sur l'end. du trav. (= après 6 rgs depuis le montage), pour la **fente**, scinder l'ouvrage en deux parties (= 2 × 14 m.).

Continuer chaque partie séparément.
**Pour le demi-dos gauche:** à 3,5 cm de HT, sur l'end. du trav., répartir 2 *aug.* (= 16 m.).
Tricoter encore 1 rg en *jersey end.* et 2 rgs en *côtes 2/2.* avant de rabattre souplement ttes les m. Couper le fil.
**Pour le demi-dos droit:** comme demi-dos gauche.

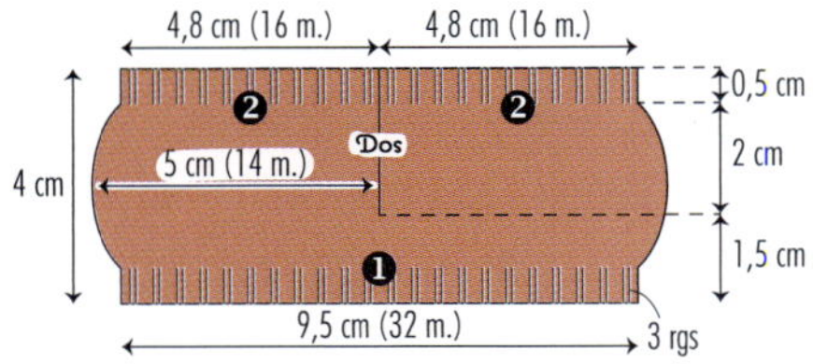


❶ Répartir 4 *dim.*
❷ Répartir 2 *aug.*

## Manches (× 2)

Avec les aig. n°3 et le col. Paille, monter 22 m.
Tricoter 2 rgs en *côtes 2/2.* Continuer par 8 rgs en *côtes 2/2* avec le col. Grenadine.
Rabattre souplement ttes les m. Couper le fil.
Tricoter une **autre manche** identique.

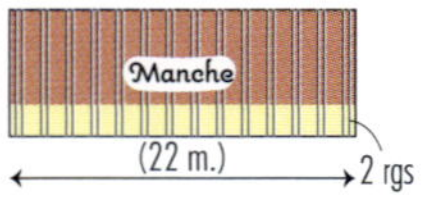


## Assemblage et finitions

Coudre les épaules sur 2 cm. Monter les manches aux emmanchures, puis le dessous des manches et les bords latéraux des demi-dos et du devant à petits pts invisibles (voir assemblage p. 10).

## Boutonnière

Avec le crochet n°2,5 et le col. Grenadine, en commençant en haut du demi-dos gauche, crocheter 1 *mc.*, 5 *ma.* et 1 *mc.*
Arrêter la m. et couper le fil.
Coudre le bouton en vis-à-vis.

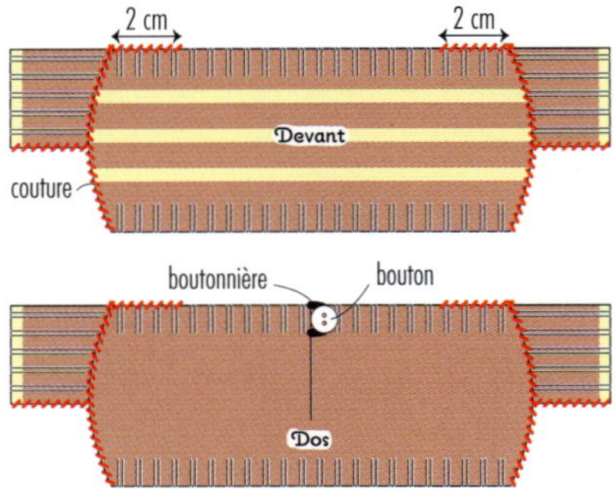

## Pantacourt

*Note :* il se commence par le bas des jambes.

### Jambes (× 2)

Avec les aig. n°3 et le col. Noir, monter 28 m.
Tricoter 2 rgs en *côtes 2/2*.
Continuer en *jersey end*.
Simultanément, pour le **biais**, *diminuer* de chaque côté : 2 × 1 m. ts les 2 rgs (= 24 m.).
À 2,5 cm de HT (soit après 4 rgs supplémentaires), pour l'**entrejambe**, rabattre de chaque côté : 1 × 2 m. (= 20 m.). Les laisser en attente.
Tricoter une **autre jambe** identique.

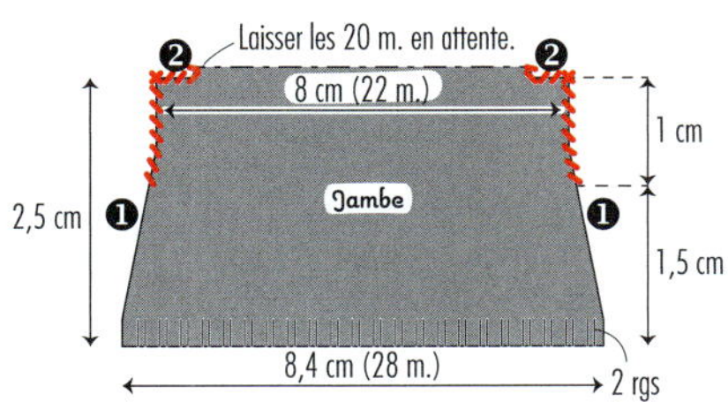


### Haut du pantacourt

Réunir les 2 jambes sur la même aig. (= 40 m.) Tricoter 8 rgs en *jersey end.*, puis 2 rgs en *côtes 2/2* avant de rabattre souplement ttes les m. Couper le fil.

### Assemblage et finitions

Coudre les côtés des jambes à petits pts invisibles (voir assemblage p. 11), mais en laissant une **fente** en bas de chaque jambe de 1,5 cm.
Coudre le dos du pantacourt.
Pour chaque jambe, coudre 3 étoiles (1 en haut de la fente et les 2 autres de part et d'autre du bas).
Passer le ruban entre chaque côte 2/2 sur le bord supérieur du pantacourt et lier par un joli nœud.

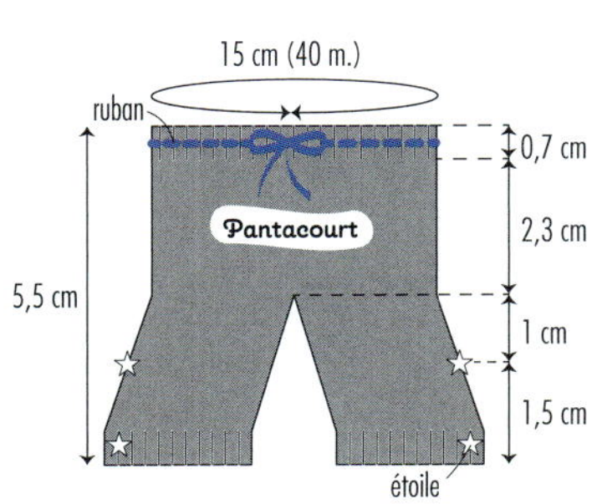


## Chaussures (× 2)

### Semelle

Avec les aig. n°3 et le col. Grenadine, monter 4 m.
Tricoter au *pt mousse*.
Simultanément, *augmenter* de chaque côté : 1 × 1 m. (6 m.).
**Rg suiv. :** faire 1 *aug.* au milieu du rg (= 7 m.).
Tricoter 10 rgs.
**Rg suiv. :** faire 1 *dim.* au milieu du rg (= 6 m.).
**Rg suiv. :** faire 1 *dim.* à chaque extrémité (= 4 m.).
**Rg suiv. :** rabattre souplement ttes les m. Couper le fil.

### Tige

Avec les aig. n°3 et le col. Grenadine, monter 30 m.
Tricoter 1 rg à l'end., puis 1 rg à l'env. avec le col. Paille.
Terminer en *jersey end.* avec le col. Grenadine.
**R suiv. (= end. du trav.) :** 8 *m. end.*, *1 *dim.*, 1 *m. end.* ; au total, répéter 5 fs depuis*, terminer par 7 *m. end.* (= 25 m.).
**R suiv. (= env. du trav.) :** 5 *m. env.*, *1 *dim. env.*, 1 *m. env.* ; au total, répéter 5 fs depuis*, terminer par 5 *m. env.* (= 20 m.).
**R suiv. :** à l'end.
**R suiv. (= env. du trav.) :** rabattre souplement ttes les m.
Couper le fil.

### Assemblage et finitions

Rentrer les fils. Coudre l'arrière de la tige. Réunir la semelle et la tige au *pt avant* et en faisant dépasser la semelle. (voir assemblage p. 10).
Tricoter une **seconde chaussure** identique.

# Novembre

## Fournitures

### Pour la robe

- 1 pelote qualité Barisienne, coloris Blé (Bergère de France, réf : 10570)
- un peu de qualité Barisienne, coloris Mousse (Bergère de France, réf : 10230)
- un peu de qualité Barisienne, coloris Jojoba (Bergère de France, réf : 10571)
- un peu de qualité Doucelaine, coloris Bruyère (Bergère de France, réf : 10076)
- 3 boutons orange (Ø : 0,6 cm)
- Aiguilles à tricoter n°4
- Crochet n°3

### Pour le fichu

- un peu de qualité Doucelaine, coloris Bruyère (Bergère de France, réf : 10076)
- 1 perle vert pomme (Ø : 1 cm)
- Aiguilles à tricoter n°3
- Crochet n°3

### Pour la besace

- un peu de qualité Barisienne, coloris Mousse (Bergère de France, réf : 10230)
- un peu de qualité Barisienne, coloris Jojoba (Bergère de France, réf : 10571)
- un peu de qualité Doucelaine, coloris Bruyère (Bergère de France, réf : 10076)
- Aiguilles à tricoter n°4
- Crochet n°3

### Pour les chaussures

- un peu de qualité Barisienne, coloris Mousse (Bergère de France, réf : 10230)
- un peu de qualité Barisienne, coloris Jojoba (Bergère de France, réf : 10571)
- 4 perles vertes (Ø : 0,5 cm)
- Aiguilles à tricoter n°4

## Points utilisés

### Au tricot

*maille endroit, maille envers, augmentation, diminution, surjet simple, diminution à « N » mailles du bord, point mousse, jersey endroit, côtes 1/1 :* voir glossaire p. 7.

*Diminution double à « N » maille du bord (end. du trav.) :* tricoter « N » m., 2 SS, dans le pt jusqu'à « N+4 m. » du bord, 2 dim.T, 2 m.

### Au crochet

*maille air, maille coulée :* voir glossaire p. 5.

### En broderie

*maille rebrodée, point de chaînette :* voir glossaire p. 9.

## Réalisation

### Robe

#### Devant

Avec les aig. n°4 et le col. Blé, monter 20 m.
Tricoter 2 rgs en *côtes 1/1*. Continuer en *jersey end.*, ET au **R7** (depuis le montage), faire 1 *aug.* de chaque côté (= 22 m.).
À 6 cm de HT, pour les **emmanchures**, rabattre de chaque côté : 1 × 2 m., 2 × 1 m. ts les 2 rgs (= 14 m.).
Tricoter 2 rgs.
Pour l'**encolure**, rabattre les 8 m. centrales.
Continuer chaque partie séparément.
À 10 cm de HT, pour l'**épaule**, rabattre les 3 m. restantes.
Tricoter l'**autre épaule** en vis-à-vis.
Couper le fil.

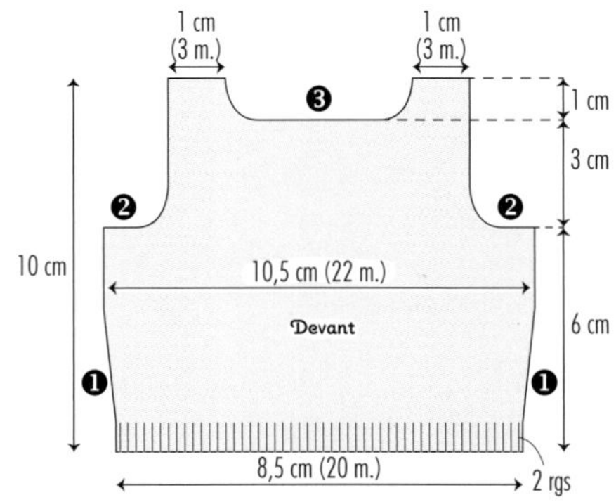


❶ Faire 1 *aug.* à chaque extrémité.
❷ **Emmanchures :** rabattre 1 × 2 m., 2 × 1 m. ts les 2 rgs.
❸ **Encolure :** rabattre les 8 m. au centre.

### Dos

Avec les aig. n°4 et le col. Blé, monter 20 m.
Tricoter 2 rgs en *côtes 1/1*. Continuer en *jersey end.*
À 3 cm de HT, sur l'end. du trav., pour la **fente**, scinder l'ouvrage en deux (= 2 × 10 m.).
Continuer chaque partie séparément.
**Pour le demi-dos gauche :** au **R7** (depuis le montage), faire 1 *aug.* À GAUCHE (= 11 m.). À 6 cm de HT, pour l'**emmanchure**, rabattre À GAUCHE (= en début de rg sur l'env. du trav.) : 1 × 2 m., 2 × 1 m. ts les 2 rgs (= 7 m.).
Tricoter 2 rgs. Pour l'**encolure**, rabattre À DROITE (= en début de rg sur l'end. du trav.) : 1 × 4 m. À 10 cm de HT, pour l'**épaule**, rabattre les 3 m. restantes. Couper le fil.
**Pour le demi-dos droit :** comme **demi-dos gauche**, MAIS en vis-à-vis (= rabattre À DROITE pour l'**emmanchure** et À GAUCHE pour l'**encolure**). Couper le fil.

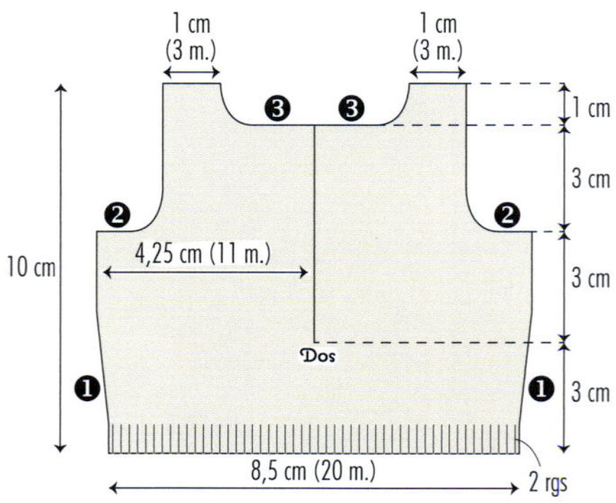


❶ Faire 1 *aug.* côté externe.
❷ **Emmanchure :** rabattre 1 × 2 m., 2 × 1 m. ts les 2 rgs.
❸ **Encolure demi-dos :** rabattre 4 m.

### Manches (× 2)

Avec les aig. n°4 et le col. Blé, monter 16 m. Tricoter 2 rgs en *côtes 1/1*. Continuer en *jersey end.*, TT en augmentant 1 m. de chaque côté au **R1** (= 18 m.).
À partir du 6ᵉ rg, pour l'**arrondi d'épaule**, rabattre à chaque extrémité : 1 × 2 m., 4 × 1 m. ts les 2 rgs.
Rabattre souplement les 6 m. restantes. Couper le fil.
Tricoter une **autre manche** identique.

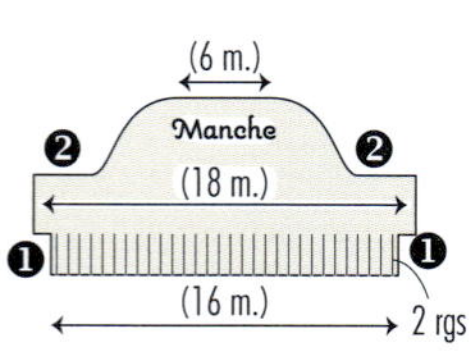


❶ Faire 1 *aug.* de chaque côté.
❷ **Arrondi épaule :** rabattre 1 × 2 m., 4 × 1 m. ts les 2 rgs.

### Broderies

Avant d'assembler les différentes pièces de la robe, réaliser les broderies sur le devant, le dos et les manches :
**Principe**
Couper environ 9 cm de fil. Faire 1 nœud à une extrémité et enfiler l'autre extrémité sur une aig. à laine. Piquer l'aig. sur l'end. de l'ouvrage, en laissant bien apparaître le nœud, broder 5 (ou 3) gros pts avant entre les m. de l'ouvrage (en veillant à ce que les pts soient visibles).
Terminer par 1 nœud et couper le fil.
Broder de manière aléatoire sur les différentes pièces, en utilisant les col. Mousse, Jojoba et Bruyère (et en n'oubliant pas d'alterner 5 ou 3 pts selon sa fantaisie).

### Assemblage et finitions

Coudre les épaules. Monter les manches aux emmanchures, puis le dessous des manches, et les bords latéraux des demi-dos et du devant à petits pts invisibles (voir assemblage p. 10).

### Col

Avec les aig. n°4 et le col. Blé, relever régulièrement 27 m. autour de l'encolure. Tricoter en *côtes 1/1*. Tricoter 1 rg.
**R suiv. :** 4 m. dans le pt, 1 *dim.*, 1 m. dans le pt, 1 *dim.*, 9 m. dans le pt, 1 *dim.*, 1 m. dans le pt, 1 *dim.*, 4 m. dans le pt (= 23 m.).
Tricoter encore 4 rgs avant de rabattre souplement ttes les m.
Couper le fil.
Replier le col à mi-hauteur vers l'intérieur et le maintenir en place à petits pts invisibles.

### Bande de boutonnage

Avec le crochet n°3 et 2 fils en col. Blé, (en commençant à 0,5 cm du bord supérieur de la fente du demi-dos gauche), crocheter : 1 *mc.*, *5 *ma.*, 3 *mc.* ; au total, répéter 2 fs depuis*, 5 *ma.*, 1 *mc.* Arrêter la m. et couper le fil.
Coudre les boutons en vis-à-vis.

*NOTE :* Retourner les manches de la robe sur la hauteur des *côtes 1/1* pour donner un p'tit côté décontracté.

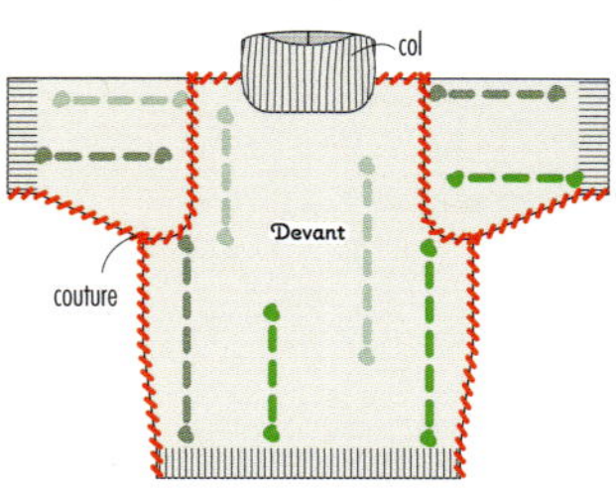


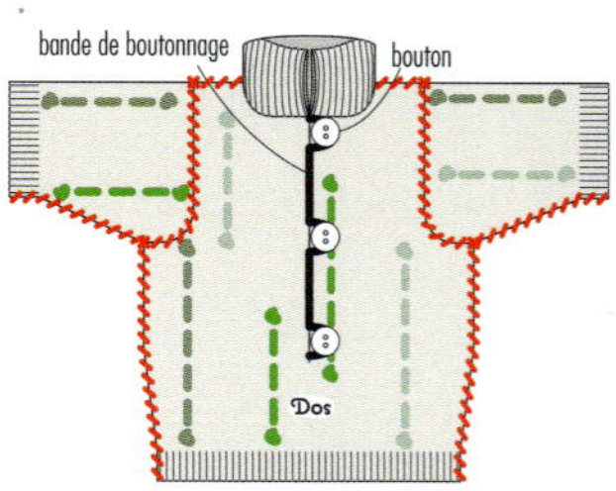

## Fichu

### Corps

Avec les aig. n°4 et le col. Bruyère, monter 44 m.
Tricoter 2 rgs en *côtes 1/1*. Continuer en *jersey end.*
Pour le **biais**, *diminuer à 2 m. des bords* : 8 × 1 *dim. double*, 1 × 1 *dim. simple* ts les rgs (= 8 m.). Puis *diminuer à 1 m. des bords* : 2 × 1 *dim. simple* ts les rgs (= 4 m.).
Enfin, poursuivre les dim. de chaque côté jusqu'à épuisement des m. Arrêter la m. et couper le fil.
Fixer la perle au niveau de cette pointe.

### Liens

Avec le crochet n°3 et le col. Bruyère, faire une chaînette de 28 *ma.*, revenir au début par autant de *mc.*, puis crocheter 1 *mc.* sur chaque m. du montage du corps du fichu.
Crocheter à nouveau 28 *ma.* avant de revenir en *mc.*
Arrêter la m. et couper le fil.

## Besace

### Corps

Avec les aig. n°4 et le col. Mousse, monter 11 m.
Tricoter en *jersey end.* pendant 10 cm avant de rabattre les m.
Couper le fil.

### Bandoulière

Avec le crochet n°3 et le col. Mousse, crocheter 58 *ma.* et revenir par autant de *mc.* Arrêter la m. et couper le fil.

### Assemblage et finitions

#### Assemblage

Plier le corps en 3 parties et coudre les bords latéraux du dos et du devant (laisser le rabat libre). Puis coudre la bandoulière sur les côtés. Rentrer les fils.

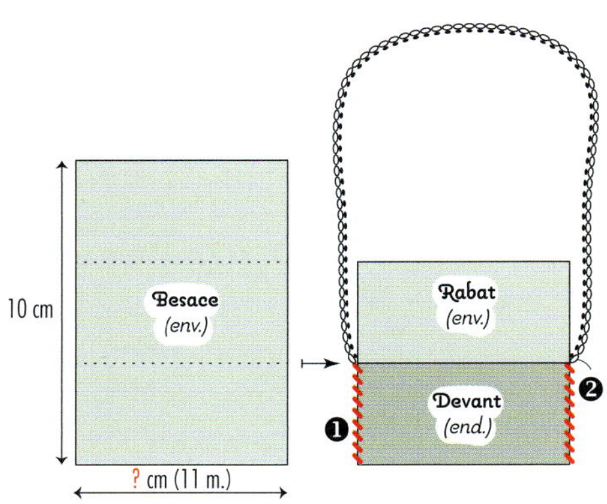


❶ Coudre les côtés.
❷ Fixer la bandoulière.

### Broderie

Avec le col. Jojoba, rebroder le cœur au *pt de m.* au centre de l'end. du rabat (côté externe). Surligner les contours de ce dernier au *pt de chaînette* avec le col. Bruyère.

*Diagramme du motif cœur*

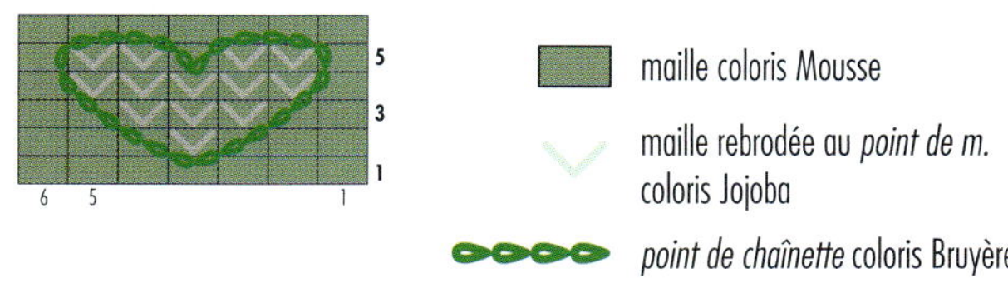


## Chaussures (× 2)

### Semelle

Avec les aig. n°4 et le col. Mousse, monter 3 m.
Tricoter au *pt mousse.*
Simultanément, *augmenter* de chaque côté : 1 × 1 m. (5 m.).
**Rg suiv. :** faire 1 *aug.* au milieu du rg (= 6 m.).
Tricoter 4 rgs.
**Rg suiv. :** faire 1 *dim.* au milieu du rg (= 5 m.).
**Rg suiv. :** faire 1 *dim.* à chaque extrémité (= 3 m.).
**Rg suiv. :** rabattre souplement ttes les m. Couper le fil.

### Tige

Avec les aig. n°4 et le col. Mousse, monter 24 m.
Tricoter 2 rg à l'end.
**R suiv. (= end. du trav.) :** 6 *m. end.*, *1 *dim.*, 1 *m. end.* ; au total, répéter 4 fs depuis*, terminer par 6 *m. end.* (= 20 m.).
**R suiv. (= env. du trav.) :** à l'env.
**R suiv. :** 4 *m. end.*, *1 *dim.*, 1 *m. end.* ; au total, répéter 4 fs depuis*, terminer par 5 *m. end.* (= 16 m.).
Tricoter 2 rgs à l'env.
**R suiv. :** rabattre souplement ttes les m.
Couper le fil.

### Assemblage et finitions

Rentrer les fils. Coudre l'arrière de la tige. Réunir la semelle et la tige au *pt avant* et en faisant dépasser la semelle.
(voir assemblage p. 10).

Passer une aiguillée de col. Jojoba (= **lien**) sous les rgs à l'env. du bord supérieur au *pt avant* (ttes les 2 m.) pour resserrer la chaussure.
Fixer les perles aux extrémités du lien.
Tricoter une **seconde chaussure** identique.

# Décembre

## Fournitures

### Pour la veste à capuche

- 1 pelote qualité Barisienne, coloris Mousse (Bergère de France, réf : 10230)
- 2 perles rouges (Ø : 0,4 cm)
- Aiguilles à tricoter n°4

### Pour la combinaison

- 1 pelote qualité Calinou, coloris Safran (Bergère de France, réf. : 10037)
- un peu de coton perlé vert
- 3 petits boutons jaunes (Ø : 0,6 cm)
- 4 perles rouges (Ø : 0,4 cm)
- Aiguilles à tricoter n°3
- Crochet n°2,5

### Pour les chaussures

- un peu de qualité Barisienne, coloris Mousse (Bergère de France, réf : 10230)
- un peu de coton perlé vert
- 2 perles rouges (Ø : 0,4 cm)
- Aiguilles à tricoter n°4

## Points utilisés

### Au tricot

*maille endroit, maille envers, augmentation, diminution, surjet simple, point mousse endroit, point mousse envers, jersey endroit* : voir glossaire p. 7.

*Point de riz* : voir mois de juilllet p. 46.

*Côtes 3/3* : **R1** : *3 m. end., 3 m. env. ; répéter depuis* ; **R2 & suivants** : comme les m. se présentent.

*Torsades A et B* : voir diagrammes.

*Diminution double à « N » mailles des bords* : voir mois de novembre p. 62.

### Au crochet

*maille air, maille coulée* : voir glossaire p. 5.

## Réalisation

### Veste à capuche

#### Dos

Avec les aig. n°4 et le col. Mousse, monter 22 m. Tricoter 4 rgs au *pt mousse end.* Puis répartir les m. ainsi : 3 m. au *pt de riz*, 4 m. en *jersey end.*, les 4 m. de la *torsade A*, les 4 m. de la *torsade B*, 4 m. en *jersey end.*, 3 m. au *pt de riz.*

À 9 cm de HT, pour les **emmanchures**, rabattre de chaque côté : 1 × 2 m., 2 × 1 m. ts les 2 rgs (14 m.).

À 10,5 cm de HT, pour l'**encolure**, rabattre les 8 m. centrales. Terminer chaque partie séparément en rabattant les 3 m. restantes pour **chaque épaule**. Couper le fil.

*Diagramme torsade A*

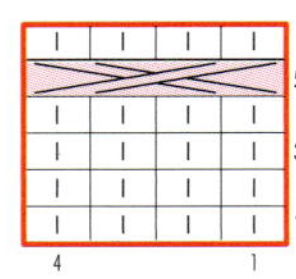

*Diagramme torsade B*

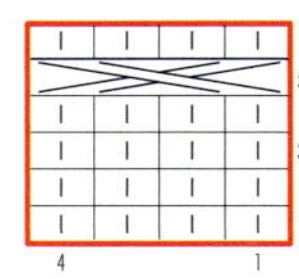

 *1 maille endroit :* tricoter 1 m. end. sur l'end. de l'ouvrage ou 1 m. env. sur l'env. de l'ouvrage.

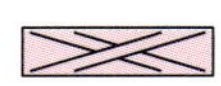 *4 mailles croisées à droite :* glisser 2 m. sur 1 aig. aux. placée DERRIÈRE l'ouvrage, tricoter les 2 m. suivantes à l'end., puis tricoter les m. de l'aig. aux. à l'end.

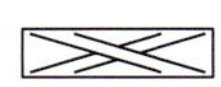 *4 mailles croisées à gauche :* glisser 2 m. sur 1 aig. aux. placée DEVANT l'ouvrage, tricoter les 2 m. suivantes à l'end., puis tricoter les m. de l'aig. aux. à l'end.

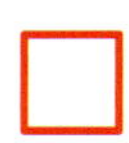 Répéter la partie encadrée.

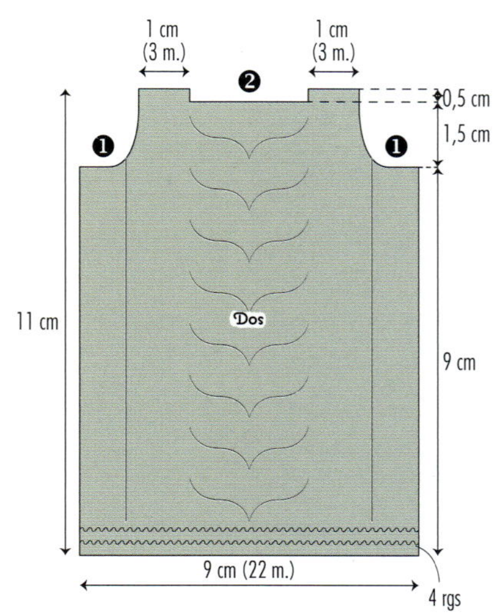


❶ **Emmanchures** : rabattre 1 × 2 m., 2 × 1 m. ts les 2 rgs.

❷ **Encolure** : rabattre les 8 m. au centre.

### Demi-devant droit

Avec les aig. n°4 et le col. Mousse, monter 12 m.
Tricoter 4 rgs au *pt mousse end.* Puis répartir les m. ainsi : 2 m. au *pt de riz*, 2 m. en *jersey end.*, les 4 m. de la *torsade B*, 2 m. en *jersey end.*, 2 m. au *pt de riz*.
À 9 cm de HT, pour l'**emmanchure**, rabattre À GAUCHE (= en début de rg sur l'env. du trav.) : 1 × 2 m., 2 × 1 m. ts les 2 rgs (8 m.).
À 10 cm de HT, pour l'**encolure**, rabattre À DROITE (= en début de rg sur l'end. du trav.) : 1 × 4 m., 1 × 1 m. ts les 2 rgs.
Pour l'**épaule**, rabattre les 3 m. restantes. Couper le fil.

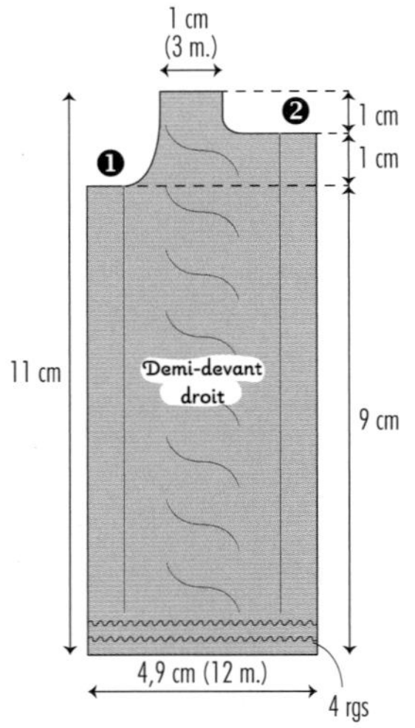


❶ **Emmanchure** : rabattre À GAUCHE : 1 × 2 m., 2 × 1 m. ts les 2 rgs.
❷ **Encolure** : rabattre À DROITE : 1 × 4 m., 1 × 1 m. ts les 2 rgs.

### Demi-devant gauche

Comme **demi-devant droit**, MAIS en vis-à-vis (= rabattre À DROITE pour l'**emmanchure** et À GAUCHE pour l'**encolure**) et en remplaçant la *torsade B* par la *torsade A*.

### Demi-capuche droite

Avec les aig. n°4 et le col. Mousse, monter 12 m.
Répartir les m. ainsi : 2 m. au *pt de riz* (= **bordure**), 10 m. en *jersey end.*
SIMULTANÉMENT, pour le **biais**, *augmenter* À GAUCHE (= en fin de rg sur l'end. du trav.) : 5 × 1 m. ts les 2 rgs (= 17 m.).
À 7 cm de HT, pour l'**arrrondi**, *diminuer à 1 m. du bord* GAUCHE (= en fin de rg sur l'end. du trav.) : 3 × 1 *dim. double*, avant de rabattre souplement les 11 m. restantes.
Couper le fil.

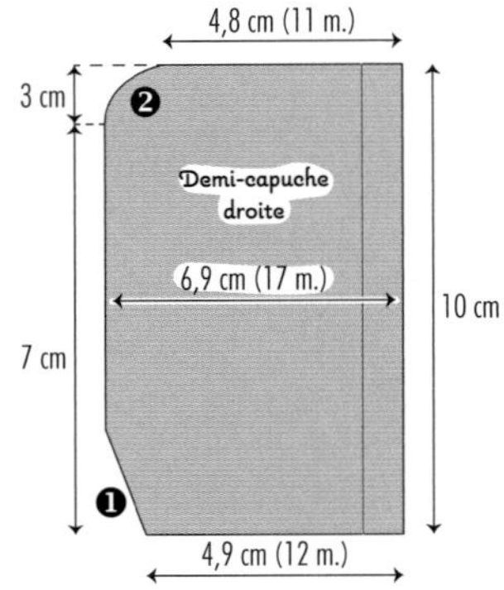


❶ *Augmenter* À GAUCHE : 5 × 1 m. ts les 2 rgs.
❷ *Diminuer à 1 m. du bord* GAUCHE : 3 × 1 *dim. double* ts les 2 rgs.

### Demi-capuche gauche

Comme **demi-capuche droite**, MAIS en vis-à-vis :
10 m. en *jersey end.*, 2 m. au *pt de riz*. Et réaliser le **biais** et l'**arrondi** À DROITE (= en début de rg sur l'end. du trav.)

### Assemblage et finitions

Coudre les épaules et les bords latéraux du dos et des demi-devants à petits pts invisibles (voir assemblage p. 11).

### Capuche

Coudre le fond de la capuche par une couture invisible, puis l'assembler autour de l'encolure.

### Liens (× 2)

Avec le crochet n°2,5 et le col. Mousse, 1 *mc.* au bord de la capuche, 20 *ma.* Arrêter la m. et couper le fil.
Faire un petit gland (constitué de 3 brins de 10 cm) et le fixer à l'extrémité du lien ; y coudre une perle.
Faire un **autre lien** identique de l'autre côté de la capuche.

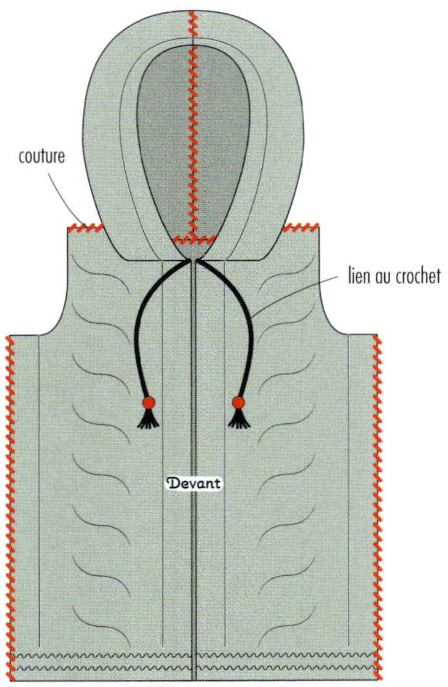


## Combinaison

*Note* : elle se commence par le bas de la jambe droite.

### Jambe droite

Avec les aig. n°3 et le col. Safran, monter 25 m. Répartir les m. ainsi : 1 m. en *jersey end.*, *2 m. au *pt mousse env.*, 6 m. en *jersey end.* ; au total, répéter 3 fs depuis*.
À 3 cm de HT, *augmenter* de chaque côté : 1 × 1 m. (= 27 m.).
À 4,5 cm de HT, pour l'**entrejambe**, rabattre de chaque côté : 1 × 2 m. Laisser ces 23 m. en attente.

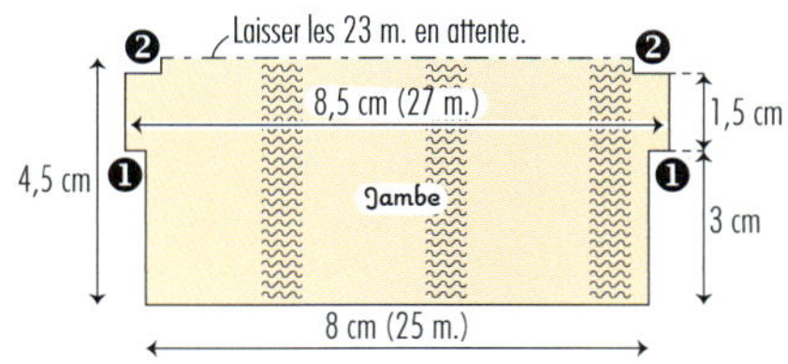


❶ *Augmenter* 1 m. de chaque côté.
❷ **Entrejambe :** rabattre 1 × 2 m. de chaque côté.

### Jambe gauche

Comme **jambe droite**, MAIS en vis-à-vis (= commencer par 6 m. en *jersey end.* et terminer par 1 m. en *jersey end.*).

### Haut de la combinaison

Réunir les 2 jambes sur la même aig., ET en *augmentant* 1 m. de chaque côté. (= 48 m.). Répartir les m. ainsi : 1 m. au *pt mousse env.*, 6 m. en *jersey end.*, *2 m. au *pt mousse env.*, 6 m. en *jersey end.* ; au total, répéter 5 fs depuis*, terminer par 1 m. au *pt mousse env.*
À 10,5 cm de HT, sur l'end. du trav., séparer l'ouvrage ainsi (toujours en respectant le pt) : tricoter 10 m. (= **demi-dos gauche**), rabattre 4 m. (= aisselle), tricoter 20 m. (= **devant**), rabattre 4 m. (= aisselle), tricoter 10 m. (= **demi-dos droit**).
Continuer chaque partie séparément.
**Pour le demi-dos droit :** pour l'**emmanchure**, rabattre À GAUCHE (= en début de rg sur l'env. du trav.) : 2 ×1 m. ts les 2 rgs (= 8 m.). À 12,5 cm de HT, pour l'**encolure**, rabattre À DROITE (= en début de rg sur l'end. du trav.) : 1 × 5 m. À 13 cm de HT, pour l'**épaule**, rabattre les 3 m. restantes. Couper le fil.

**Pour le devant :** reprendre les 20 m. en attente.
Pour les **emmanchures**, rabattre de chaque côté : 2 ×1 m. ts les 2 rgs (= 16 m.). À 12,5 cm de HT, pour l'**encolure**, rabattre les 6 m. centrales. Continuer séparément, en rabattant côté encolure : 2 × 1 m. ts les 2 rgs. Pour l'**épaule**, rabattre les 3 m. restantes. Tricoter l'**autre épaule** en vis-à-vis. Couper le fil.
**Pour le demi-dos gauche :** comme **demi-dos droit**, MAIS en vis-à-vis (soit rabattre À DROITE pour l'**emmanchure** et À GAUCHE pour l'**encolure**).

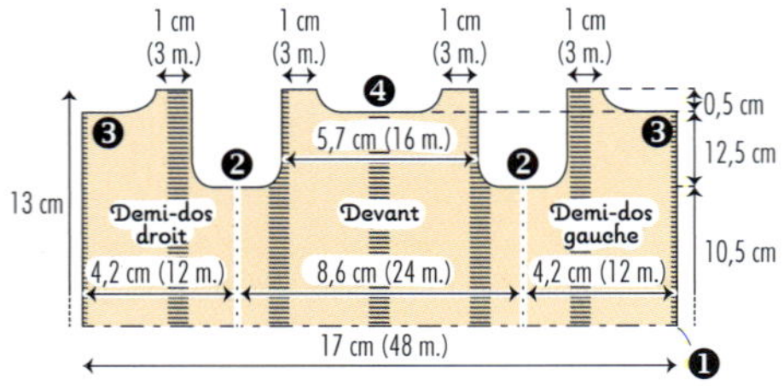


❶ Réunir les jambes et faire 1 *aug.* de chaque côté.
❷ **Emmanchures :** rabattre 1 × 4 m., puis 2 × 1 m. de chaque côté ts les 2 rgs.
❸ **Encolure demi-dos :** rabattre 1 × 5 m.
❹ **Encolure devant :** rabattre les 6 m. au centre, puis 2 × 1 m. de chaque côté ts les 2 rgs.

## Manches (× 2)

Avec les aig. n°3 et le col. Safran, monter 16 m. Répartir les m. ainsi : 1 m. au *pt mousse env.*, 6 m. en *jersey end.*, 2 m. au *pt mousse env.*, 6 m. en *jersey end.*, 1 m. au *pt mousse env.*
**R6** : *augmenter* de chaque côté : 1 × 1 m. (= 18 m.).
À 3 cm de HT, pour l'**arrondi d'épaule**, rabattre de chaque côté : 1 × 2 m., 4 × 1 m. ts les 2 rgs.
Rabattre souplement les 6 dernières m. Couper le fil.
Tricoter une **autre manche** identique.

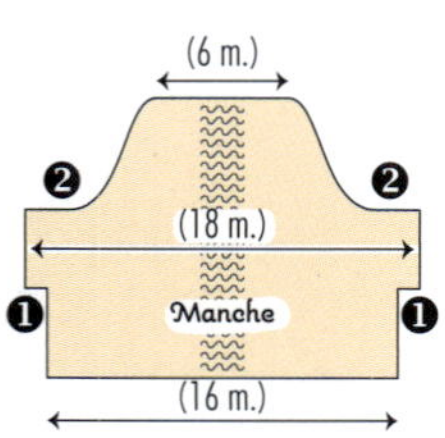


❶ *Augmenter* 1 m. à chaque extrémité.
❷ **Arrondi épaule :** rabattre 1 × 2 m., 4 × 1 m. ts les 2 rgs.

## Assemblage et finitions

Coudre les côtés des jambes à petits pts invisibles (voir assemblage p. 10).
Coudre les épaules. Monter les manches aux emmanchures, puis le dessous des manches à petits pts invisibles (voir assemblage p. 10).

## Col

Avec les aig. n°3 et le col. Safran, relever régulièrement 33 m. autour de l'encolure. Tricoter 8 rgs en *côtes 3/3* avant de rabattre souplement les m. Couper le fil.
Replier le col à mi-hauteur vers l'extérieur et le maintenir en place à petits pts invisibles.

## Bande de boutonnage

Avec le crochet n°2,5 et le col. Safran, en commençant en haut du demi-dos droit, crocheter : 1 *mc.*, *5 *ma.* (= **boutonnière**), 5 *mc.* ; au total, répéter 2 fs depuis*, 5 *ma.*, 1 *mc.* Arrêter la m. et couper le fil.
Coudre les boutons en vis-à-vis.

## Broderies

Avec le fil vert, broder les feuilles et tiges (par 1 pt droit) des 4 fleurs. Y fixer les perles (toujours avec le fil vert).

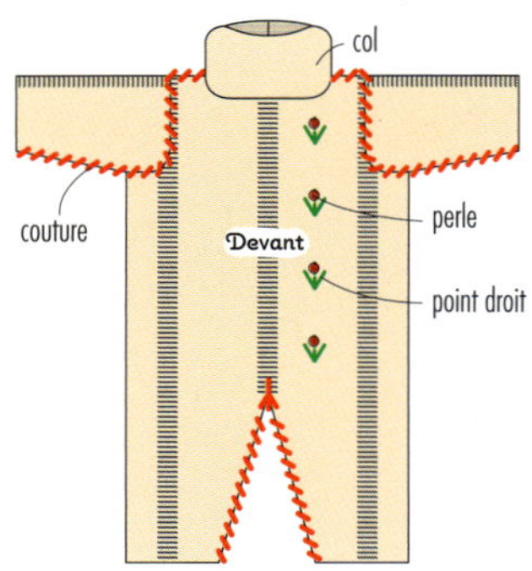


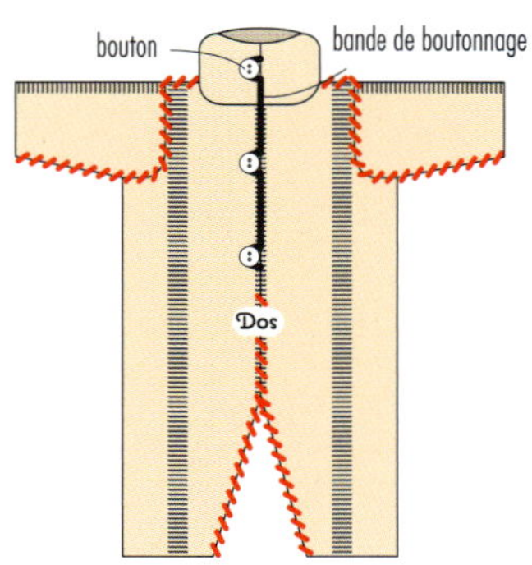